राजस्थान CET मॉडल पेपर

RSMSSB CET GRADUATION LEVEL

ओमप्रकाश स्वामी

परीक्षार्थियों के ध्यानार्थ एवं लाभार्थ

प्रबुद्ध पाठकों,

राजस्थान कर्मचारी चयन बोर्ड, जयपुर द्वारा वर्ष 2022 में आयोजित की जाने वाली CET परीक्षा का नवीनतम पाठ्यक्रम जारी करने के बाद राजस्थान CET मॉडल पेपर पुस्तक का प्रकाशन किया गया है ।

पुस्तक को मुद्रित करते समय सामग्री के सम्बंध में यथासंभव सावधानी बरती गई है।फिर भी कुछ त्रुटियाँ रह गयीं हो तो सुधार हेतु सुझाव ईमेल : oskelaniya@gmail.com पर भेज सकते है ।

लेखक- ओमप्रकाश स्वामी

सहयोगकर्ता -धर्मपाल स्वामी

(Assistant professor)

मार्गदर्शन - भानीराम

(NET,JRF geography)

सम्पादक - महेन्द्र कुमार

क्रम-सूची

1. मॉडल पेपर — 1

2. मॉडल पेपर — 17

3. मॉडल पेपर — 32

4. मॉडल पेपर — 48

5. मॉडल पेपर — 64

1

मॉडल पेपर

1) कौनसा युग्म असंगत है ?

लोक देवता, जन्म स्थान

(A) बाबा तल्लीनाथ पाचोटा गाँव , जालौर

(B) हड़बूजी साँखला भूंडोल,नागौर

(C) झुंझारजी इमलोहा , सीकर

(D) देवबाबा मालानी,बाड़मेर

(A) A (B) B(C) C (D) D

2)जमवा रामगढ़ अभयारण्य राजस्थान के किस जिले में स्थित है?

(A) उदयपुर (B) जयपुर (C) झालावाड़ (D) हनुमानगढ़

3)जाल वृक्ष और मोर पंख को किस सम्प्रदाय के अनुयायी पवित्र मानते हैं ?

(A) विश्नोई सम्प्रदाय (B) दादू पंथ (C) जसनाथी सम्प्रदाय (D) लालदासी सम्प्रदाय

4) 'ऊपरमाल' क्या है?

(A)उदयपुर का भोरट पठार(B)चितौड़गढ़ व भीलवाड़ा के बीच की पठारी भूम(C)आबू क्षेत्र का पठारी भाग(D)नागौरी उच्चभूमि

5) राजस्थान राज्य की आदिवासी जनजातियाँ मुख्यतः राज्य के किस भौगोलिक क्षेत्र में निवास करती हैं?

(A) उत्तरी पश्चिमी मरुस्थलीय क्षेत्र (B) दक्षिण —पूर्वी पठारी भाग (C) अरावली पर्वतीय प्रदेश (D) पूर्वी मैदानी भाग

6)राजस्थान की बारहमासी नदियाँ कौन—कौनसी है?

(A) बनास,चम्बल (B) चम्बल,बाणगंगा (C) चम्बल,माही (D) चम्बल, काली सिंध

7)निम्नलिखित में से कौनसे जिले में सर्वाधिक परती भूमी है?

(A) जोधपुर (B) चुरू (C) उदयपुर (D) जैसलमेर

8)निम्नलिखित में से कौनसी नस्लें राजस्थानी भेड़ों से संबंधित नहीं है?

(A) चोकला एवं मगरा (B) सोनाड़ी एवं खेरी(C) नाली एवं पूगल (D) सूरती एवं मुर्रा

9)राजस्थान के प्रथम बाइलोजिकल पार्क का नाम बताइए—

(A) नाहरगढ़ (B) शेरगढ़ (C) आकल (D) वन विहार

10)निम्नलिखित में से किस स्थल से 'जाखबाबा' प्रतिमा प्राप्त हुई है?

(A) आभानेरी (B) किराडु (C) नोह (D) बैराठ

11)सुप्रीम कोर्ट के जजों की संख्या को कौन बदल सकता है?

(A)राष्ट्रपति आदेश(B) कानून द्वारा संसद(C) सुप्रीम कोर्ट की अधिसूचना(D)केंद्र सरकार की अधिसूचना

12)निम्नलिखित कथनों पर ध्यान दीजिए:-

1- उपराष्ट्रपति, जो राज्यसभा के पदेन अध्यक्ष भी हैं, संसद का सदस्य नहीं हैं।

2-उपराष्ट्रपति, जो राज्यसभा के पदेन अध्यक्ष भी हैं, को वोट देने का अधिकार नहीं है।

इसमें कौन से कथन सत्य हैं?

(A केवल 1(B) केवल 2 (C) 1 और 2(D) 1, 2 और 3

13)इंडियन यूनियन मुस्लिम लीग किस प्रदेश में मजबूत है?

(A) तमिलनाडु(B) केरल(C) कर्नाटक(D) पश्चिम बंगाल

14)अटॉर्नी जनरल और एडवोकेट जनरल के बारे में निम्नलिखित कथनों पर ध्यान दीजिए:-

1- भारत का सबसे बड़ा कानूनी अधिकारी अटॉर्नी जनरल है।

2- राज्य का सबसे बड़ा कानूनी अधिकारी एडवोकेट जनरल हैं

इनमें कौन सा/ से कथन सही हैं?

(A) केवल 1(B) केवल 2 (C) 1 और 2 दोनों(D) इनमें से कोई भी नहीं

15) निम्नलिखित में प्राथमिक क्षेत्र किसे कहा जाता है ?

(A) कृषि क्षेत्र को (B) सेवा क्षेत्र को(C) औद्योगिक क्षेत्र को (D) इनमें से कोई नहीं

16) मेवाड़ के किस शासक के समय में मेवाड़-मुगल संधि (1615 ई०) हुई ?

(A) राणा सांगा (B) राणा प्रताप (C) अमर सिंह (D) कर्ण सिंह

17)17 जुलाई, 1734 ई० को मेवाड़ के एक कस्बे हुरड़ा में हुए सम्मेलन का उद्देश्य था ?

(A) राजस्थान की भूमि से मराठों की घुसपैठ व आतंक को समाप्त करना

(B) राजपूत राज्यों तथा मराठों में राजनैतिक संबंध स्थापित करना

(C) मराठों तथा मुगलों के बीच मैत्री संबंध को बढ़ावा देना (D) उपर्युक्त में से कोई नहीं

18)आबू खण्ड के अतिरिक्त अरावली शृंखला का उच्चतम भू-भाग उदयपुर के उत्तर-पश्चिम में कुम्भलगढ़ का गोगुन्डा के बीच किस पठार के रूप में स्थित है ?

(A) हाड़ौती पठार (B) द० पू० राजस्थान पठार (C) दक्कन का पठार (D) भोराट का पठार

19)बाड़मेर, जैसलमेर, बीकानेर, चट्टानी प्रदेश के पूर्व में कच्छ की खाड़ी से प्रारम्भ होकर बीकानेर के उतर में महान् मरुभूमि तक विस्तृत क्षेत्र को कहते हैं ?

(A) थार मरुस्थल (B) पश्चिमी रेतीला मैदान (C) लघु मरुस्थल (D) महान् मरुस्थल

20)पद्म विभूषण प्राप्तकर्ता राजस्थान के प्रथम व्यक्ति कौन हैं ?

(A) घनश्याम दास बिड़ला (B) के० के० बिड़ला(C) जमनालाल बजाज (D) माणिक्यलाल वर्मा

21)नाथद्वारा मंदिर का निर्माण किसने कराया ?

(A) जनमाजय (B) राज सिंह (C) राणा सांग (D) महाराणा कुंभा

22)राजस्थान लोक सेवा आयोग की स्थपना किस तिथि को हुई थी ?

(A) 22-12-1939 (B) 16-08-1949 (C) 24-12-1952 (D) 24-12-1951

23) नेटवर्क उपकरणों के मध्य संचार हेतु नियमों और रीति (कन्वेंशन) को निम्नलिखित में से कौन परिभाषित करता है

(A) फ्रेम (B) मीडियम (C) मेसेज (D) प्रोटोकॉल

24) ($\sqrt{5}$)^7का मान क्या है ?

(A) 25 $\sqrt{5}$ (B) 125 (C) 125$\sqrt{5}$ (D) 25

25) तलचर कोयला क्षेत्र किस राज्य में अवस्थित है ?

(A) पश्चिम बंगाल (B) झारखंड (C) बिहार (D) उड़ीसा

26) वर्कशील का मूल तत्व क्या है ?

(A) टेबल्स (B) कतार (C) कॉलम (D) सेल

27 निम्न में से कौन सा प्रोटोकॉल डोमेन नामों को विघटित करने से निपटता है ?

(A) X - WinDow (B) FTP (C) DNS (D) SMTP

28) एशिया कप 2022 में कोनसी टीम विजेता रही ?

(A) भारत (B) श्रीलंका (C) अफगानिस्तान (D) पाकिस्तान

29) निम्न में से किस भारतीय महिला बेडमिंटन खिलाड़ी ने जूनियर बैडमिंटन वर्ल्ड फेडरेशन ((BWF) रैंकिंग में शीर्ष स्थान हासिल किया है ?

(A) सिरिल वर्मा (B) अनुपमा उपाध्याय (C) परुपल्ली कश्यप (D) किदाम्बी श्रीकांत

30) फरवरी 2016 में विश्व स्वास्थ्य संगठन ने किस विषाणु के लिए अंतर्राष्ट्रीय जन स्वास्थ्य आपातकाल घोषित किया है ?

(A) जीका (B) H1N1 (C) HIV (D) मरबर्ग

31) एक वस्तु का अंकित मूल्य 200 रु. है ।D% छूट देने पर विक्रेता को 20%का लाभ होता है।परन्तु यदि विक्रेता 4D% छूट देता है तो उसको 20% की हानि होती है ।विक्रेता को 10% लाभ प्राप्त करने के लिए कितनी छूट देनी चाहिए ?

(A) 15% (B) 17.50% (C) 16.25% (D) 20%

32) निम्न में से कौन सा एक सवाई जय सिंह ॥ द्वारा स्थापित पाच खगोलीय वेधशालाओं में सबसे बड़ा है ?

(A) जयपुर का जंतर - मंतर (B) चित्तौडगढ का विजय स्तम्भ (C) जयपुर का हवा (D) जैसलमेर का माणक चौक

33) किस भक्ति सत के अनुयायी समुदाय को दादू - पथ कहा जाता था ?

(A) दादू दयाल (B) चरण दास (C) मीरा बाई (D) सुंदर दास

34) स्वतंत्रता के तत्काल बाद भारत के आर्थिक विकास की रणनीति मुख्य रूप से किस मॉडल पर आधारित है जो सेवाओं और घरेलू वस्तुओं के क्षेत्र को माध्यमिक महत्व देती है , निवेश वस्तु उद्योग क्षेत्र को वरीयता देती है ?

(A) GEM वैचारिक मॉडल (B) महालनोबिस मॉडल (C) ब्लैक स्कोल्स मॉडल (D) एकेडमिक मॉडल

35) निम्न में से कौन सा एक इंटरनेट से कनेक्ट होने पर परिवर्तित होता

(A) यूनीक IP (B) डाइनैमिक IP (C) अनुप्रयोग का नाम (D) स्टैटिक IP

36) गुप्त राजवंश के किस शासक के अंतर्गत महान कवि कालिदास ने ख्याति प्राप्त की थी

(A) स्कन्दगुप्त (B) कुमार गुप्त (C) चन्द्रगुप्त (D) समुद्रगुप्त

37) हर साल राजस्थान सरकार द्वारा निम्नलिखित में से कौन से दिन को प्रौद्योगिकी दिवस के रूप में मनाया जाता है ?

(A) मई 11 (B) सितंबर 15 (C) जून 21 (D) अक्टूबर 15

38) निम्नलिखित में कौन सा एक राज्य के नागरिकों को सुरक्षित , अधिक दक्ष , बेहतर गुणवत्ता युक्त स्वास्थ्य देखभाल प्रदान करने के लिए स्वास्थ्य सूचना का इलेक्ट्रॉनिक प्रबंधन है ?

(A) आस्था ई - हॉस्पिटल ऑनलाइन (B) आरोग्य ई - हेल्थ ऑनलाइन

(C) आरोग्य ई - हॉस्पिटल ऑनलाइन (D) आश्रम ई - हेल्थ ऑनलाइन

39) वाणिज्य चक्र या व्यापार चक्र अर्थव्यवस्था के चक्रीय उतार - चढाव हैं । वणिज्य चक्र का ऊर्ध्वगामी चरण या समृद्धि को दो चरणों में विभाजित किया जाता है । वे चरण कौन से हैं ?

(A) विस्तारण और गिरावट (B) शीर्ष और गर्त (C) पुनर्प्राप्ति और उछाल (D) मंदी और गिरावट

40) निम्न में से कौन बिहार सरकार के विरुद्ध 1857 के विद्रोह में बिहार का नेता था ?

(A) बख्त खान (B) तात्या तोपे (C)कवर सिंह (D) नाना साहिब

41) पौषणिक जैवरसायन की परिभाषा निम्न में से कौन सी है ?

(A) एक प्रतिरक्षी तंत्र का निर्माण महत्वपूर्ण खनिजों की अनुपस्थिति में बनाए रखने के लिए ।

(B) भोजन और शरीर के भीतर के पोषक तत्वों की संरचना और कार्यों की समझ

(C) खाद्य श्रृंखला और पारिस्थितिकी तंत्र और उनका एक - दूसरे पर प्रभाव को समझना

(D) विचार प्रक्रिया की संरचना जो प्रतिकूल रूप से शरीर को प्रभावित करता है

42) वागडी भाषा में बानेश्वर का अर्थ क्या है ?

(A) ऊंट का उस्ताद (B) डेल्टा का उस्ताद (C) भेड़ों का उस्ताद (D) बांसुरी का उस्ताद

43) सूची में दिए गए स्मारकों को सूची ॥ में दिए उनके समरूपी स्थानों से सुमेलित करें ।

सूची - I सूची ॥ -

1- समोद महल (A . उदयपुर

2- शिव निवास महल (B . जोधपुर

3- गजनेर महल (C. जयपुर

4- बाल समंद झील. (D . बीकानेर

(A) 1 - (C , 2 - (A , 3 - (D , 4 - (B (B) 1 - (D , 2 - (C , 3 - (B , 4 - (A

(C) 1 - (A , 2 - (B , 3 - (C , 4 - (D (D) 1 - (B , 2 - (C , 3 - (A , 4 - (D

44) 2004-05 से 2014-15 तक , राजस्थान का सकल राज्य घरेलू उत्पाद की चक्रवृद्धि वार्षिक वृद्धि दर (CAGR) में कितने प्रतिशत वृद्धि हुई थी ?

(A) 12.83 % (B) 13.87 % (C) 9.25 % (D) 10.83 %

45) किस मुगल सम्राट को " वास्तुविद राजा " के रूप में जाना जाता था ?

(A) जहांगीर (B) हुमायु (C) शाहजहां (D) अकबर

46) ब्रिटिश भूवैज्ञानिक सर्वेक्षण 2009 के अनुसार विश्व बाजार में लौह अयस्क के उत्पादन की मात्रा की क्रम में भारत का स्थान क्या है ?

(A) चतुर्थ (B) द्विवतीय (C) तृतीय (D) प्रथम

47) सबसे बड़ा ज्वारीय ऊर्जा संयंत्र कहां है

(A) फ्रांस (B) यूनाइटेड किंगडम (C) जर्मनी (D) स्पेन

48) 2011 की जनगणना के अनुसार , राजस्थान में साक्षरता दर लगभग कितनी है ?

(A) 52 प्रतिशत (B) 80 प्रतिशत (C) 74 प्रतिशत (D) 66 प्रतिशत

49) एक संख्या Y , जो 300 से बड़ी है . को लिया गया जिसमें दशमलव के बाद केवल तीन अंक हैं । इसे 10 से गुणा किया गया है और फिर इसमें से 7 घटाया गया है । इस प्रक्रिया को 5 बार दोहराया गया । परिणाम का अंतिम अंक क्या होगा ?

(A) 0 (B) 7 (C) 3 (D) 5

50) एक धनात्मक संख्या Y = P /Q ली गई है , जिसमें P तथा Q प्राकृतिक संख्याएं हैं । किस मामले में , Y का दशमलव विस्तार सात और अनावर्ती होगा ?

(A) यदि Y का अंश - गणक 2^A5^B रूप का है , जहां A तथा B प्राकृतिक संख्याएं हैं

(B)यदि Y का हर (डिनामनेटर) 3^A7^B ° रूप का है , जहां A तथा B प्राकृतिक संख्याएं हैं

(C) यदि Y का अंश - गणक 3^A7^B ° रूप का है , जहां A तथा B प्राकृतिक संख्याएं हैं

(D) यदि Y का हर (डिनामनेटर) 2^A5^B रूप का है , जहां A तथा B प्राकृतिक संख्याएं है ।

51) प्री फॉर्मेटिड स्टाइल बनाने के लिए मुझे क्या चुनना होगा ?

(A) फॉर्मेट लेआउट (B) स्लाइड सॉर्टर व्यू (C) स्लाइड लेआउट (D) " फॉर्मेट सिलेक्टर

52) निम्नलिखित में से कौन - सी एक मैमोरी उसमें स्टोर किए गए आंकडों को मिटाने के लिए पराबैगनी विकिरण का प्रयोग करता है ?

(A) SRAM (B) EPROM (C) ROM (D) EEPROM

53) वर्ष 2008-2009 के लिये देश के सीमेंट उत्पादन में राजस्थान की कितने प्रतिशत हिस्सेदारी है ?

(A) 15 प्रतिशत (B) 20 प्रतिशत (C) 25 प्रतिशत (D) 10 प्रतिशत

54) निम्न में से कौन सा समुदाय पबुजी की फाच नृत्य के प्रदर्शन से संबंधित है ?

(A)गुर्जर (B) मीणा(C) भोपा (D) जाट

55) निम्न में से कौन 16 वीं शताब्दी में बंगाल में एक योगी हिंदू सत और सामाजिक सुधारक थे ?

(A) चैतन्य महाप्रभु (B) जयदेव (C) नामदेव (D) तुकाराम

56) भारतीय इतिहास में भारत के किस शासक को प्रियदर्शी के रूप में भी जाना जाता था ?

(A) स्कंधगुप्त (B) अशोक (C) चंद्रगुप्त (D) हर्षवर्धन

57) रणथंभौर राष्ट्रीय उद्यान निम्न में से किसके लिए प्रसिद्ध है ?

(A) रेगिस्तानी बिल्ली (B) सलॉथ बीयर (C) भारतीय लोमडी (D) डायरनल बाघ

58) NAAC विश्वविद्यालय अनुदान आयोग द्वारा स्थापित एक स्वायत निकाय है । NAAC किसे निर्दिष्ट करता है ?

(A) नेशनल असेसमेंट एड अकेड्टेशन सेंटर (B) नेशनल असेसमेंट एंड अकेड्टेशन कमेटी

(C) नेशनल असेसमेंट एंड अकेड्टेशन काउंसिल (D) नेशनल असेसमेंट एंड एसोसिएशन काउंसिल

59) पर्यावरण मौलिक अधिकार के विषय में राज्य की नीति और मौलिक कर्तव्य निर्देशक सिद्धांतों को एक साथ किस के रूप में पदच्छेदित किया गया है ?

(A)मानव मध्यवाद (B) सतत विकास (C) संवैधानिक जनादेश (D) पर्यावरण मध्यवाद

60) मुम्बई और चेन्नई के बीच नियमित ट्रेन सेवाए है । दो शहरों के बीच की दूरी 1600 कि.मी. है । मुम्बई से चेन्नई के लिए एक ट्रेन 40 कि.मी. प्रति घंटा की गति से सुबह 7 बजे चलती है । एक अन्य ट्रेन चेन्नई से मुम्बई के लिए 120 कि.मी प्रति घंटा की गति से सुबह 10 बजे चलती है । दोनों ट्रेने एक विशेष समय पर मिलती हैं । उनके मिलने के कितने समय बाद , मुम्बई की ओर जाने वाली ट्रेन अपने गंतव्य पर पहुंचेगी ?

(A) 4 घंटा और 5 मिनट (B) 3 घंटा और 45 मिनट (C) 4 घंटे (D) 3 घंटा और 40 मिनट

61) किलोमीटर की इकाई में राष्ट्रीय जलमार्ग सं . 1 की कुल लंबाई कितनी है ?

(A) 1620 (B) 1600 (C) 1670 (D) 1650

62) निम्न में से कौन सा एक NOTA के संबंध में गलत है

(A) इसे 18 सितंबर 2015 को शुरू किया गया था (B) प्रतीक को अहमदाबाद के राष्ट्रीय संस्थान द्वारा बनाया गया है

(C) EVMs पर NOTA विकल्प अब हर चुनाव में अनिवार्य विकल्प है

(D) NOTA के लिए विशिष्ट प्रतीक , रेड क्रॉस के साथ एक मतपत्र कागज है ।

63) 2011 की जनगणना के अनुसार राजस्थान के किस जिले की आबादी सबसे कम है ?

(A) बूंदी (B) जैसलमेर (C) प्रतापगढ़ (D) धौलपुर

64) अकाल वुड फॉसिल पार्क कहां स्थित है ?

(A) बाडमेर (B) जैसलमेर (C) जोधपुर (D) बीकानेर

65) एटलस पर्वत कहाँ स्थित है ?

(A)एशिया (B) अफ्रीका (C)यूरोप (D)उत्तरी अमेरिका

66) भारत में सबसे लंबी मीनार कुतुब मीनार का निर्माण किस राजवंश के अंतर्गत करवाया गया था ?

(A) तुगलक वंश (B) गुलाम वंश (C) लोधी वंश (D) सैय्यद राजवंश

67) संवैधानिक संशोधन ने किस प्रावधान के तहत शिक्षा के अधिकार को मौलिक अधिकार के रूप में पहचाना है ?

(A) अनुच्छेद 21 (B) अनुच्छेद 32 (C) अनुच्छेद 226 (D) अनुच्छेद 21 (A

68) भारत केंद्र सरकार ने नीति आयोग के गठन की घोषणा कब की थी ?

(A) जुलाई , 2015 (B) सितंबर , 2015 (C) अगस्त , 2015 (D) जनवरी , 2015

69) निम्नलिखित में से किस विज्ञान और प्रौद्योगिकी संसाधन केन्द्र (SRTC) को राजस्थान के चदेसर , उदयपुर में स्थापित किया गया है ?

(A) विज्ञान समिति (B) राजस्थान पर्यावरण एवं विकास एजेंसी

(C) कुमारप्पा ग्राम स्वराज संस्थान (D)मानव कल्याण एवं अनुसंधान फाउंडेशन

70) 2022 मानव विकास रिपोर्ट (HDR) के अनुसार , HDI का वर्गीकरण HDI के निर्धारित कट - ऑफ प्वाइंट्स पर आधारित होता है , जिसे घटक केतकों के वितरण के चतुर्थकों से व्युत्पन्न किया जाता है । इस वर्गीकरण के अनुसार , 0.700-799 रेंज के बीच की HDI वाले देशों को किस श्रेणी में वर्गीकृत किया जाता है ?

(A) मध्यम मानव विकास (B) बहुत उच्च मानव विकास (C) उच्च मानव विकास (D) निम्न मानव विकास

71) एक स्कूल में एक छात्र को 23659 को 72348 से गुणा करने के लिए कहा गया । लेकिन गुणा करने के दौरान , उसने एक संख्या को गलत पढ़ लिया और उसका गुणनफल 1710971562 आया गलत पढ़ी गई संख्या ज्ञात करें ।

(A) 4 (B) 1 (C) 2 (D) 3

72) उस संख्या युग्म को ज्ञात करें जो समान गुणों के अभाव के कारण दिए गए समूह से संबंधित नहीं है ।

(A) 6710 (B) 2640 (C) 5720 (D) 4270

73) यदि अनुपात 5 : 8 है और परवर्ती संख्या 56 है तो पूर्ववर्ती संख्या क्या होगी ?
(A) 32 (B) 72 (C) 48 (D)35

74) प्रतिवर्ष 12 % की ब्याज दर पर 25000 रु की राशि पर 3 वर्ष के बाद चक्रवृद्धि ब्याज क्या होगा ?

(A) Rs.10483.20 (B) Rs . 9720 (C) Rs . 10123.20 (D) Rs . 9000.30

75) एक दो अंकों वाली संख्या के वर्ग को उस संख्या के आधे से विभाजित किया जाता है । भागफल में 36 जोड़ने के बाद जो संख्या प्राप्त होती है उसे 2 से भाग दिया जाता है । परिणामी संख्या में मूल संख्या वाले ही अंक हैं , लेकिन उनका क्रम उलट जाता है । मूल संख्या के दहाई स्थान पर जो अंक है वह उस संख्या के अंतर का दुगुना है । संख्या क्या होगी ?

(A) 48 (B) 46 (C) 47 (D) 45

76)दो संख्या A और B 3 : 5 के अनुपात में है । यदि प्रत्येक संख्या में 10 जोड़ दिया जाए तो अनुपात 5 : 7 हो जाएगा । दोनों संख्याएं A और B ज्ञात करें ।

(A) 30 , 20 (B) 25 , 15 (C) 20 , 25 (D) 15 , 20

77) किसी विशेष कूट भाषा में WEAK को 9 % @ $ और SKIT को # $ 7 @ कूट बद्ध किया गया है , तो उसी भाषा में WAIT को कैसे कूट बद्ध किया जाएगा ?

(A) 927 @ (B) 92 @ 6 (C) 9267 (D) 9 @ 67

78) भारतीय सांख्यिकीय संवर्धन परियोजना (ISSP) , RSSSP को वर्ष 2011-12 में तैयार एवं लागू किया गया है । RSSSP का पूर्ण रूप क्या है ?

(A) राजस्थान स्टेट स्ट्रेटेजिक स्टैटिस्टिकल प्रोपोसल (B) राजस्थान स्टेट स्ट्रेटेजिक सोशियल प्लान

(C) राजस्थान स्टेट स्ट्रेटेजिक स्टैटिस्टिकल प्लान (D) राजस्थान स्टेट स्ट्रेटेजिक सोशियल प्रोपोसल

79) इनमें से कौन सा विकल्प कर्तृवाच्य का उदाहरण नहीं है ?

(A) लडके गुलेल चला रहे हैं ।(B) बच्चे शोर मचा रहे हैं ।(C) हमलोग पतंग उड़ा रहे हैं । (D) हवा में फायरिंग की जा रही है ।

80) अंधेर नगरी चौपट राजा इस मुहावरे का अर्थ क्या है ?

(A) पूर्ण अव्यवस्था होना (B) किसी की बात ना सुनना (C) परवाह होना (D) किसी राजा की कहानी

81) इनमें से कौन सा विकल्प केवल अशुद्ध शब्दों को दर्शाता है ?

(A) प्रमात्मा - भगत-द्रौपदि -शमशान (B) शून्य -शाक्त- जनार्दन- विद्यालय

(C) आलस्य- विस्मय-लिपि राजनीति (D) विज्ञ - - व्रत-चिट्ठी-जागृति

82) इनमें से कौन सा हस्व का पर्यायवाची नहीं है ?

(A) अश्व (B) छोटा (C) लघु (D) तनिक

83) इनमें से कौन सा सरकारी पत्र लेखन के अंतर्गत नहीं आता है ?

(A) ज्ञापन (B) परिपत्र (C) प्रेस नोट (D) स्मारक

84) इनमें से कौन सा बिजली का पर्यायवाची नहीं है

(A) घनज्याला (B) रागिनी (C)दामिनी (D) विद्युत

85) इनमें से किस शब्द में संयुक्ताक्षर संबंधी अशुद्धि है ?

(A) पाठक्रम (B) उद्देश्य(C) वयस्क (D) सामर्थ्य

86) इनमें से कौन सा जंगल का पर्यायवाची नहीं है ?

(A) अरण्य (B) सुरम्य (C) कानन (D) विपिन

87) निम्नलिखित में से कौन सा राज्य अटल मिशन फॉर रेजुवेनशन एंड अर्बन ट्रांसफॉर्मेशन ((AMRUT) के अंतर्गत कार्य योजना सौंपने वाला पहला राज्य बन गया है ?

(A) गुजरात (B) राजस्थान (C) त्रिपुरा (D) तमिलनाडु

88) राजस्थान में कौन सी धार्मिक आबादी का बहुमत है ?

(A) ईसाई (B) मुसलमान (C) जैन (D) हिन्दू

89) एक प्राकृतिक संख्या N ली गई । N को वर्ग किया गया और इसके अंतिम अंक को बदल दिया गया । फिर N को घन (क्यूब्ड) किया गया और इसका अंतिम अंक N के समान हो गया । यदि N का अंतिम अंक 9 नहीं है , तो N के वर्ग का अंतिम अक क्या होगा ?

(A) 4 (B)6 (C) 1 (D) 5

90) राजस्थान राज्य में उपभोक्ताओं को बेहतर गुणवत्ता की बिजली आपूर्ति करने के लिए निम्न में से कौन सी कंपनी बिजली के पारेषण के क्षेत्र में काम कर रही है ?

(A) जोधपुर विद्युत वितरण निगम लिमिटेड (B) जयपुर विद्युत वितरण निगम लिमिटेड

(C). राजस्थान राज्य विद्युत उत्पादन निगम लिमिटेड (D). राजस्थान राज्य विद्युत प्रसारण निगम लिमिटेड

91) निम्न में से कौन सी एक भारत की राष्ट्रीय पार्टी नहीं है ?

(A) राष्ट्रवादी कांग्रेस पार्टी ((B) बहुजन समाज पार्टी (C) भारतीय कम्युनिस्ट पार्टी (D) समाजवादी पार्टी

92) वरिष्ठ IPS अधिकारी , पंकज कुमार सिंह किस भारतीय अर्धसैनिक बल के महानिर्देशक (DG) के रूप में नियुक्त है?

(A) इंडिया - तिब्बत बॉर्डर पुलिस फोर्स (ITBP) (B) सेंट्रल इंडस्ट्रीयल सिक्यूरिटी फोर्स (CISF)

(C) सेंट्रल रिजर्व पुलिस फोर्स (CRPF) (D) बॉर्डर सिक्यूरिटी फोर्स (BSF)

93) राजस्थान मुस्लिम वक्फ बोर्ड एक सांविधिक निगमित निकाय है जिसकी स्थापना राजस्थान सरकार द्वारा वक्फ अधिनियम 1954 के तहत की गई थी । इस कानून में कब संशोधन कर एक नया चिनियम लागू किया गया था ?

(A) 1991 (B) 1992 (C) 1995 (D) 1994

94) Choose the one - word substitute : A man who hates women .

(A) miser (B) feminist (C) misogynist (D) Dictator

95) Select the Correct Negative sentence : Samantha goes to school by car .

(A) Samantha did not go to school by car.. (B) Samantha does not go to school by car.

(C) Samantha is going to school by car . (D) Samantha takes A car to school .

96) Fill in the blank with the appropriate option: The last item of every agenda is.......

(A) Reading out the minutes of the next meeting

(B) Any other matter with the permission of the Chairman

(C) Talking about important financial matters

(D) Confirmation of the points discussed in the previous meeting

97) Choose the antonym of the underlined word: The storm approached with impetuous speed.

(A) mild(B) horrible(C) vehement(D) unexpected

98) Choose the one-word substitute: A person, who tells you what will happen to you in future,

(A) chiropractor(B) astronomer(C) oculist(D) fortune-teller

99) Fill in the blank with the appropriate option: 'Enclosures' are used in......

(A) all types of letters(B) personal letters (C)official letters(D) demi-official letters

100) Identify the correct sentence in Indirect Speech: He said, 'I go fishing every day.'

(A) He says every day he went fishing. (B) He went fishing every day he said

(C) He said that he went fishing every day. (D) He said that he goes fishing every day.

101) Choose the correct suffix : Preach

(A) ee(B) er(C) ism(D) ics

102) निम्नांकित में से कौन से आवश्यक शब्द संसाधन फंग्शन वर्ग हैं ?

(A . इनपुट (B . मैनिपुलेशन (C. फ़ॉर्मेटिंग (D . टेक्स्ट का आउटपुट

(A) केवल (A , (C , (D (B) केवल (A(B (C) (A , (B , (C , (D सभी (D) केवल (A(C

103) निम्न में से किसे राजस्थान के राज्य अनुसूचित जनजाति आयोग के अध्यक्ष के रूप में नियुक्त किया गया है ?

(A) लक्ष्मण मीणा(B) लाखन मीणा (C) रमिला खड़िया (D) रफ़ीक खान

104) सर्वोच्च न्यायालय द्वारा अनुच्छेद 21 को पदच्छेदित किया गया है जो

(A) केवल नागरिकों के लिए उपलब्ध है । (B) आपातकाल के दौरान अमान्य बनाया जा सकता है ।

(C) स्वाभवेक और मूलक है , जिसे निलम्बित नहीं किया जा सकता है । (D) विस्तारित नहीं किया जा सकता है ।

105) मीटर गेज में दो पटरियों के बीच कितना अंतर होता है ?

(A) 0.767 मी (B) 1.676 मी (C) 1 मी (D) 2 मी

106) 2014 में भारत का मानव विकास सूचकांक (HDI) मान कितना था ?

(A) 0.579 (B) 0.624 (C)0.609 (D) 0.628

107) दुनिया की सबसे छोटी नदी के रूप में मान्यता प्राप्त है ?

(A) सीन (B) रो (C) वोल्गा (D) पो

108) केबिनेट से असहमत मंत्री इसका संदर्भ देकर त्यागपत्र दे सकता है । यह एक-

(A) संविद है (B) विशेषाधिकार है (C) कर्तव्य है (D) नियम है

109) नीला ऐस्बेस्टस किसका दूसरा नाम है ?

(A) क्रोआइसिडोलाइट (B) ट्रेमोलाइट (C) अमोसाइट (D) ऐंथोफिलाइट

110) निम्नांकित में से कौन सा / से स्प्रेडशीट प्रयोगों का उदाहरण है ?

(A . स्प्रेडशीट एक कैल्कुलेटर जैसा कार्य करता है ।

(B . स्प्रेडशीट का इस्तेमाल निजी निवेशों पर नजर रखने के लिए किया जाता है

(C. स्प्रेडशीट का इस्तेमाल गणना करने , ग्राफ बनाने , विश्लेषण करने और सूचना भंडारित करने में किया जाता है

(D , स्प्रेडशीट का इस्तेमाल वॉट - ईफ कैल्कुलेशन करने में किया जाता है ।

(A) केवल (B (B) केवल (C (C) (A , (B.(C , (D सभी (D) केवल (A,(B

111) मृदा स्वास्थ्य कार्ड योजना , भारत सरकार की एक योजना है जिसका लक्ष्य देश के कृषि क्षेत्रों में मिट्टी के स्वास्थ्य पर ध्यान केंद्रित करना , उत्पादकता बढ़ाने और समृद्धि लाना है । प्रधानमंत्री मोदी ने 19 फरवरी 2015 को इस योजना का शुभारंभ कहां से किया था ?

(A) पानीपत , हरियाणा (B) आगरा , उत्तर प्रदेश (C) सूरतगढ़ , राजस्थान (D) भीलवाडा , राजस्थान

112) उतर पश्चिमी रेलवे के किस प्रभाग ने सर्वप्रथम उन्नत लोकोमोटिव सिम्युलेटर हासिल किया है ?

(A) जोधपुर (B) बीकानेर (C) अजमेर (D) जयपुर

113) निम्न में से किस वर्ष सम्राट अशोक ने सिंहासन त्याग दिया था ?

(A) 373 ई . पू . (B) 300 ई . पू . (C) 253 ई . पू . (D) 273 ई . पू .

114) जयपुर के हाथी महोत्सव में रस्साकाशी , हाथी और पुरुष एवं महिला के बीच आयोजित की जाती है । इसमें कितने पुरुष - महिलाएं भाग लेती है ?

(A) 20 (B) 18 (C) 19 (D) 17

115) काकीनाडा पुडुचेरी नहर प्रणाली किन दो नदियों के बीच में अवस्थित है ?

(A) गोदावरी और कृष्णा नदी (B) महानदी और कृष्णा नदी (C) कावेरी और पेरियार नदी (D) कृष्णा और कावेरी नदी

116) निम्नलिखित में से किस शासक ने अपने शासनकाल के दौरान प्रशासन को सुव्यवस्थित रूप से चलाने के लिए बैरिदस (इंटेलिजेंस अधिकारी) तथा मुन्हियान (गुप्तचर) नियुक्त किए थे ?

(A) अकबर (B) अलाउद्दीन खिलजी (C) जहागीर (D) जलालुद्दीन खिलजी

117) निम्नलिखित में से उस अधिकार की पहचान करें जिसे सर्वोच्च न्यायालय द्वारा विशेष अनुमति याचिका अनुमोदित करके लागू किया जाता है ?

(A) अपील (B) समीक्षा (C) संदर्भ (D) मानहानि

118) निम्नलिखित में से राजस्थान का राजकीय पक्षी कौन सा है ?

(A) ग्रेट इंडियन बस्टर्ड (B) हंस (C) सारस (D) गरुड

119) कौन सी गैस चातावरण में सबसे अधिक प्रचलित ग्रीन गैस है ?

(A) कार्बन डाइआक्साइड (B) हीलियम (C) जलवाष्प (D) ऑक्सीजन

120) चंद बरदाई ने अपनी किस ऐतिहासिक कविता में पृथ्वीराज चौहान के जीवनगाथा का वर्णन किया है ?

(A) पृथ्वीराज रासो (B) रामारासो (C) शाहनामा (D) पृथ्वीराज विजय

121) उपयोग कर्ता को सीधे कम्पयूटर में इनपुट करने के लिए किस प्रकार के डेटा को टेबलों में व्यवस्थित नही किया जाता है ?

(A) ग्रिड डेटा (B) रेंटेड डेटा (C) क्लाउड डेटा (D) रॉ डेटा

122) साल 2022 के लिए , नीति आयोग के मुख्य कार्यकारी अधिकारी (CEO) कौन है ?

(A) श्री अरविंद पनगढ़िया (B) सुमन बेरी(C) श्री बिबेक देबरॉय (D) श्री विजय कुमार सारस्वत

123) किस निवेश युक्ति में एक छोटे से ट्यूब में एक फोटोसेल और एक ऑप्टिकल सिस्टम लगा होता है ?

(A) डिजिटाइजर (B) जॉयस्टिक (C) लाइट पेन (D) ट्रैक बॉल

124) वह कौन सा उपकरण है , जो कम्प्यूटर को फोन लाइन से एक इंटरनेट सेवा दायक से जोड़ता है , जिसके परिणामस्वरूप इंटरनेट से जोड़ता है ?

(A) ऐंड सिस्टम (B) मोडम (C) ब्लूटूथ (D) हब

125) राजस्थान के किस क्षेत्र में , जलवायु को अनियमित वितरण , दैनिक और वार्षिक तापमान और कम आद्रता और उच्च वायु वेग पराकाष्ठा के साथ कम वर्षा द्वारा विशेषित किया गया है ?

(A) अरावली पर्वत श्रृंखला का पश्चिमी क्षेत्र (B) अरावली पर्वत श्रृंखला का पूर्वी क्षेत्र (C) उत्तरपूर्वी क्षेत्र (D) मध्य क्षेत्र

126) 7 फुट चौड़ी धातु डिस्क पर उत्कीर्ण यंत्र या एक प्रकार के आकाशीय नक्शे को क्या कहा जाता था ?

(A) राम यंत्र (B) सम्राट यंत्र (C) मिश्रा यंत्र (D) राज यंत्र

127) पृथ्वी की देशांतर के संदर्भ में भूस्थिर उपग्रह का सर्विस एरिया है -

(A) 180 डिग्री (B) 360 डिग्री (C) 120 डिग्री (D) 60 डिग्री

128) राष्ट्रपति द्वारा प्रधानमंत्री की नियुक्ति एक विवेकाधीन शक्ति है लेकिन यह किसके अधीन है ?

(A) प्रथाओं और संवैधानिक प्रावधानों (B) राजनीतिक दल के अनुमोदन , जो बहुमत में है

(C) संसद के समर्थन और विश्वास (D) उसकी बुद्धि

129) एक वास्तविक संख्या N, का वर्ग किया ओर परिणाम में 2 जोड़ा गया।परिणाम एक पूर्ण घन है।N का मान क्या होगा?

(A) 7 (B) 11 (C) 5 (D) 9

130) रिचर्ड फेयनमैन अपने प्रसिद्ध व्याख्यान जो लघु रूपांतरण द्वारा समाये अत्यधिक संभावनाओं का अन्वेषण करता है . में कहा था " देयर इज पलेंटी ऑफ रूम " :

(A) अट द बॉटम (B) इन द स्पेस (C) अट द टॉप (D) इन द युनिवर्स

131) 3, 7, 23, 95, ?

(A) 575 (B) 128 (C) 479 (D) 62

132) राजस्थान के बाड़मेड़ जिले में सुखोई-30 लड़ाकू विमान द्वारा किस रहस्यमई वस्तु को मार गिराया गया था?

(A) निर्मित गुब्बारा (B) खुफिया पक्षी(C) चीनी टॉय हेलीकॉप्टर (D) अफगानिस्तान ड्रोन

133) निम्न में से किस परियोजना को राजस्थान शहरी संरचना विकास परियोजना के भाग के रूप में परियोजना के पहले चरण के लिए एशियन डेवलपमेंट बैंक द्वारा लिया गया है?

(A) गांधी सागर डैम (B) नर्मदा मुख्य नहर (C) बिसालपुर जल परियोजना (D) इंदिरा सागर परियोजना

134) निम्नलिखित में से कौन सा यंत्र सामग्रियों की सतह पर अणुओं की प्रतिछाया प्राप्त करता है?

(A) स्कैनिंग टनलिंग माइक्रोस्कोप (B) माइक्रोस्कोप डिससेक्शन(C) माइक्रोस्कोप कम्पाउंड(D) माइक्रोस्कोप

135) यूरेशिया व अफ्रीका के शिकारी प्रवासी पक्षियों के संरक्षण के लिए, निम्न में से किस सहमति पत्र पर हस्ताक्षर किए गए हैं?

(A) रैप्टर (B) जेनेवा कंवेंशन (C) बॉन प्रोटोकोल (D) मॉन्ट्रियल

136) 2011 की जनगणना के अनुसार, राजस्थान के किस शहर की आबादी अधिकतम है

(A) जयपुर (B) कोटा (C) जोधपुर (D) बीकानेर

137) शीतल और नेहा एक दूसरे की ओर दौड़ना आरंभ करती हैं। वे 10 सेकंड के बाद एक दूसरे से मिलती हैं। नेहा शीतल से दोगुणी दूरी तय करती है। शीतल को नेहा द्वारा तय की गई दूरी के समान दूरी तय करने में कितना समय लगेगा?

(A) 20 सेकंड (B) 10 सेकंड (C) 30 सेकंड (D) 5 सेकंड

138) भारत में राष्ट्रीय नमूना सर्वेक्षण कार्यालय गांवो एवं कसबो में स्थित परिवारों और उद्यमों से डेटा संग्रहीत करने के लिए सामाजिक-आर्थिक, भौगोलिक, कृषि और औद्योगिक विषयों पर सर्वेक्षण करने वाला अनूठा ढांचा है।

1999 के बाद से, किस नव निर्मित मंत्रालय के तहत कार्य कर रहा है?

(A) मानव संसाधन विकास मंत्रालय (B) वित्त मंत्रालय (C) गृह मंत्रालय (D) सांख्यिकी और कार्यक्रम कार्यान्वयन मंत्रालय

139) उम्मेद भवन पैलेस जोधपुर के वास्तुकार कौन थे?

(A) हेनरी वॉघन (B) ले करबुसिएर (C) हेनरी इरविन (D) जॉर्ज विटेट

140) निम्नलिखित में से किस नेता ने भारतीय संघ, भारतीय राष्ट्रीय कांग्रेस की नींव स्थापित की थी?

(A) बाल गंगाधर तिलक (B) ह्युम (C) एन्नी बेसेंट (D) सुरेन्द्र नाथ बैनर्जी

141) 1919 के भारत सरकार अधिनियम का दूसरा नाम क्या है?

(A) रेगुलेटिंग अधिनियम (B) ऑफिशियल सीक्रेट्स अधिनियम (C) रौलट अधिनियम (D) मोन्टेग चेम्सफोर्ड अधिनियम

142) इंटरनेट से किसी सॉफ्टवेयर, एक पिक्चर तस्वीर, म्युजिक, या एक वीडियो को अपने पर सीनांतरित करने की प्रक्रिया क्या कहलाती है?

(A) फर्मवेयर (B) फ्रीवेयर (C) अपलोड (D) डाउनलोड

143) किस देश ने दुनिया में महासागर के लिए बाध्य कचरे की सबसे बड़ी राशि उत्पन्न की है?

(A) तुर्की (B) चीन (C) भारत (D) ब्राजिल

144) NASA का मुख्यालय कहां पर है?

(A) न्यू यार्क (B) लास वेगस (C) वॉशिंगटन डी.सी.(D) मेक्सिको

145) खनिज एवं भूविज्ञान विभाग की स्थापना राजस्थान में खनिज संसाधनों की खोज, विकास व प्रशासन के उद्देश्य से की गई है, इसका लक्ष्य है

(A) राज्य की अर्थव्यवस्था में खनिज क्षेत्र के योगदान में उल्लेखनीय वृद्धि करना

(B) खनन के तहत खनिजों की संख्या में कमी करना (C) खनन में राजस्थान के राजस्व में कमी करना

(D) खनन के तहत भूमि में कमी करना

146) निम्न में से कौन सा एक महान सम्राट अशोक के पिता थे?

(A) बिंदुसार (B) बिंबसार (C) अजातशत्रु (D) चंद्रगुप्त

147) तद्धित प्रत्यय इनमें से किसके अंत में नहीं लगता है ?

(A) विशेषण (B) संज्ञा (C) क्रिया (D) सर्वनाम

148) इनमें से कौन सा वाक्य शुद्ध है ?

(A) जेम्स वाट ने इंजन का अविष्कार किया। (B) जेम्स वाट ने इंजन का विस्तार किया।

(C) जेम्स वाट ने इंजन का परिष्कार किया। (D) जेम्स वाट ने इंजन की खोज की

149) Choose the one-word substitute: A short part taken from A speech, A Book or A film.

(A) example(B) excerpt(C) summary(D) abstract

150) Fill in the blanks with the correct option. His speech was full of evasions and........ half truths.

(A) A(B) An(C) the(D) No article

उत्तर माला

1. B 2.B 3. C 4.B 5.C 6.C 7.A 8.D 9.A 10.C 11.B 12.C 13. B 14.C 15.A 16.C 17.A 18.B 19.C 20.A 21.B 22.B 23.D 24.C 25.D 26.D 27.C 28.B 29.B 30.A 31.B 32A. 33.A 34.B 35.B 36.C 37.A 38.B 39.C 40.C 41.B 42.B 43A. 44.A 45.C 46.A 47.A 48.B 49.C 50.D 51.C 52.B 53.A 54C. 55.A 56.B 57.D 58.C 59. C60.A 61.A 62.D 63.B 64.B 65.B 66.B 67.D 68.D 69.A 70.C 71.A 72. D73.D 74.C 75.B 76.B 77.A 78.C 79.D 80.A 81.A 82.A 83.D 84.B 85.A 86.B 87.B 88.D 89.B 90.D 91.D 92.D 93.C 94.C 95.B 96.B 97.A 98.D 99.C 100.C 101.B 102.C 103.A 104.C 105.C 106.C 107.B 108.A 109.A 110.C 111.C 112.A 113D. 114.C 115.A 116.B 117.A 118.A 119.A 120.A 121.C 122.B 123.C 124.B 125.A 126.D 127.C 128.A 129.C 130.A 131.C 132.A 133.C 134.A 135.A 136.A 137.A 138.D 139.A 140.D 141.D 142.D 143.B 144.C 145.A 146.A 147.C 148.A 149.B 150.D

2

मॉडल पेपर

1) सरकारी खर्च में वृद्धि जो निजी खर्च को घटाती है उसे कहा जाता है

(A) निराकरण (B)ह्रासकारी (C)जमानत पर बाहर (D) बंध्याकरण

2)इंटरनेशनल सोलर अलायंस सचिवालय का उद्घाटन भारत के किस शहर में भारत के प्रधानमंत्री नरेन्द्र मोदी और फ्रेंच प्रेजिडेंट फैंकोइस होलान्दे द्वारा किया गया था?

(A) बैंगलोर (B) नई दिल्ली (C) पूने (D) गुड़गांव

3) राजस्थान में राजस्थान फीडर की लंबाई लगभग कितनी है?

(A) 204 किमी (B) 176 किमी (C) 445 किमी (D) 104 किमी

4) निम्न में से किस जिले में, 'टेक्टोना ग्रैंडिस प्रकार' का भूभाग पाया जाता है?

(A)बांसवाड़ा (B) पाली (C) जैसलमेर (D)झुंझुनूं

5) निम्नलिखित में कौन सा एक भारत का राष्ट्रीय पुष्प है?

(A)चमेली (B)गेंदा (C)कमल (D)वाटर लिली

6)निम्न में से कौन सी एक बाल गंगाधर तिकल की रचना नहीं है?

(A)द कॉल टू यंग (B)इंडिया (C)द ओरियन (D) द आर्कटिक होम इन द वेदाज

7)किस राज्य सरकार द्वारा सरकारी अराजपत्रित नौकरियों में महिलाओं को 35 प्रतिशत का आरक्षण दिया गया है?

(A) उत्तर प्रदेश (B) बिहार (C) छत्तीसगढ़ (D)झारखंड

8) मई 2022 में भारत के मुख्य चुनाव आयुक्त के रूप में चुना गया है ?

(A)राजीव कुमार (B)सुनील चंद्रा (C) आदित्य मेहता (D)मनन चंद्रा

9)निम्न में से किस युद्ध ने युद्ध और विजय की नीति को त्यागने के लिए सम्राट अशोक का हृदय परिवर्तित किया था?

(A) बक्सर की लड़ाई (B) करनाटिक युद्ध (C)पलासी युद्ध (D)कलिंग युद्ध

10) निम्नलिखित में से कौन भारतीय संसद का वो अधिनियम है जो कथित भ्रष्टाचार की जांच के लिए और लोक सेवकों द्वारा अधिकार के दुरुपयोग की जांच के लिए एक

व्यवस्था प्रदान करता है और साथ ही उन हरेक व्यक्ति को सुरक्षा प्रदान करता है जो सरकारी संस्थाओं, परियोजनाओं और कार्यलयों में कथित रूप से हो रहे दुराचारों को उजागर करते हैं?

(A) कंपनी अधिनियम,2013 (B) कार्यस्थल पर महिलाओं के यौन उत्पीड़न सुरक्षा, निषेध और निवारण अधिनियम, 2013

(C) व्हिसिल ब्लोअर सुरक्षा अधिनियम, 2011 (D)आपराधिक कानून संशोधन अधिनियम, 2013

11) राजस्थान को और किस रूप में भी जाना जाता है?

(A) पाकशास्त्र भूमि (B) झीलों की भूमि (C)संस्कृति भूमि (D)महलों और किलों की भूमि

12) बौद्ध गया, जहां से राजकुमार गौतम ने ज्ञान प्राप्त किया था, वह भारत के किस राज्य में स्थित है?

(A)बिहार (B) मध्य प्रदेश (C) हरयाणा (D) महारास्ट्र

13) ब्रॉड गेज में दो पटरियों के बीच कितना अंतर होता है?

(A) 1.676 मी (B) 0.767 मी(C) 1 मी(D) 2 मी

14 निम्नलिखित में से किसने आर्थिक विकास और क्षेत्रीय असंतुलन की व्याख्या करने के लिए "अतिनर्यात प्रभाव और प्रसार प्रभाव' अभिव्यक्ति का इस्तेमाल किया था?

(A) कालडोर(B) मिएडे (C) लुईस (D) माइरडल

15) भारत सरकार ने किसानों के लिए 13 जनवरी 2016 को किस पथप्रदर्शक योजना की शुरुआत की है?

(A)प्रधानमंत्री बीमा सुरक्षा य(B)प्रधानमंत्री जन धन योजना

(C)प्रधानमंत्री फसल बीमा योजना (D)प्रधानमंत्री ग्राम सड़क योजना

16) एक वास्तविक संख्या y ली गई। इसे दोगुना किया गया और उत्तर में 5 जोड़ दिया गया। इस प्रक्रिया को तीन और बार दोहराया गया। हमें अंतिम परिणाम के रूप में 379 प्राप्त हुआ। y का मान क्या है?

(A) 12(B) 23 (C) 17 (D)19

17) अनुच्छेद 32 के अंतर्गत, सर्वोच्च न्यायालय का न्यायाधिकार क्या है?

(A) मानवाधिकारों के प्रवर्तन के लिए उपलब्ध नहीं (B)मौलिक अधिकारों को प्रवर्तन के लिए ही सीमित करना (C) संवैधानिक अधिकारों को बढ़ाया जाना

(D)वैधानिक अधिकारों को लागू करने के लिए उपलब्ध होना

18) रामानंद का वह कौन सा शिष्य था जिसका जन्म झालावाड़ के क्षत्रीय परिवार में हुआ था?

(A) दादू दयाल(B) भैरणजी (C) मीरा बाई (D) भागवत पीपा

19) आज राजस्थान को किन दोनों खनिजों का संग्रहालय माना जाता है?

(A) चट्टान और रेत (B) लौह और अलौह (C) धातु और अधातु (D) रेत और पत्थर

20) निम्न में से किस नदी को वैदिक सभ्यता का केंद्र माना जाता था?

(A) गंगा (B) सिंधु (C)यमुना (D) सरस्वती

21) पौराणिक गाथाओं के अनुसार, सीता के लिए एक स्वच्छ जल की धारा उत्पन्न की गई थी। यह धारा आज भी मौजूद है। इसे क्या कहते हैं?

(A) लक्ष्मण बभूका(B) सीता रसोई(C) सीता नीर (D) लक्ष्मण झूला

22) निम्नलिखित में कौन सा से पवरपॉइंट के एनिमेशन विकल्प हैं?

(A) एंट्रेंस(B) एम्फसिस(C) एग्जिट(D) मूविंग पाथ्स

(A) केवल (B(C(D (B) केवल (C(D (C) केवल(A(B(C(D) सभी

23) एक पुस्तक के खंड 2 में पृष्ठों की संख्या खंड 1 में पृष्ठों की संख्या से 25% अधिक है। खंड 3 में पृष्ठों की संख्या खंड 2 में पृष्ठों की संख्या से 25% अधिक है और ....। यदि पुस्तक के खंड 4 में 250 पृष्ठ हैं, तो खंड 1 में कितने पृष्ठ हैं?

(A) 128 (B) 160 (C)200 (D)150

24) किस फिजिकल डॉकिंग पॉइन्ट का इस्तेमाल बाहरी डिवाइस को कम्प्यूटर से जोड़ने के लिए किया जाता है?

(A) पोर्ट (B) पॉवर (C) हब (D) मॉडेम

25) भारत और उसके नागरिकों को किसके माध्यम से निश्चित कार्यक्रम प्रदान किए जाते हैं?

(A)बइबिल(B) चार्टर (C) भारतीय संविधान (D) भगवदगीता

26) निम्न में से कौन सा कोयला क्षेत्र दामोदर घाटी कोयला क्षेत्र से संबंधित है?

(A) झरिया कोयला क्षेत्र(B) सिंगरौली कोयला क्षेत्र(C) सोहागपुर कोयला क्षेत्र (D) उमरिया कोयला क्षेत्र

27) दिया गया कौन सा विकल्प उस अनुदेशों, या क्रमादेशों से संबंध रखता है जो हार्डवेयर को निर्देश देता है कि उसे क्या करना है?

(A)सॉफ्टवेयर (B) हार्डवेयर (C) फर्मवेयर (D) डेटावेयर

28) महारानी गायत्री देवी गर्ल्स स्कूल, राजस्थान का पहला महिला कन्या विद्यालय कहाँ स्थापित किया गया था?

(A) नागौर (B) उदयपुर (C) अलवर (D) जयपुर

29) जनहित याचिका आवाहन की प्रक्रिया का दुरुपयोग ,

(A)आजीवन प्रतिबंध लगाने के लिए उपलब्ध है,

PIL दायर करने पर उपलब्ध नहीं है (B) आपराधिक कानून में दंड भोगना है

(C) निरक्षरता के कारण स्वीकार्य है (D) संवैधानिक अदालतों द्वारा अत्यधिक निंदनीय है

30) बताएं कि निम्नलिखित कौन सा कथन सही या गलत

1) राजस्थान हाउसिंग बोर्ड को 1970 में राज्य में समाज के विभिन्न वर्गों के लिए आवासीय जरूरतों की पूर्ति के उद्देश्य से गठित किया गया था।

2) जवाहर लाल नेहरू राष्ट्रीय शहरी नवीकरण मिशन (JNNURM) को आधारभूत सुविधाओं के निर्माण द्वारा शहरी गरीब को आधारभूत सेवाएं प्रदान करने के उद्देश्य से केंद्र सरकार द्वारा आरंभ किया गया है।

(A)1-गलत 2- सही (B)1-गलत 2- गलत (C)1-सही 2-गलत(D)1-सही 2-सही

31) भारतीय सुप्रीम कोर्ट 28 जनवरी 1950 को प्रभाव में आया था। इसने भारत की तत्कालीन न्यायिक प्रणाली की किन सर्वोच्च संस्थाओं को प्रतिस्थपित किया था?

(A)भारतीय संघीय न्यायालय और प्रिवी काउंसिल की न्यायिक समिति (B) संविधान पीठ और डिवीजन बेंच

(C) सदर अदालत और लोक अदालत (D) उच्च न्यायालय और नरेन्द्रमंडल

32) देश में अन्य बातों के साथ-साथ रोजगार और बेरोजगारी को मापने के लिए पंचवार्षिकी आधार पर नियमित तौर पर रोजगार और बेरोजगारी सर्वेक्षण कौन करवाता है?

(A) मानव संसाधन विकास मंत्रालय (B) राष्ट्रीय नमूना सर्वेक्षण संगठन(C) ग्राम पंचायत (D)भारतीय योजना आयोग

33) वो प्रख्यात स्थान, दियोरला कहाँ है, जहां रूप कंवर, अठारह वर्ष की दुल्हन सती हुई थी?

(A) झुंझुनूं (B) सिरोही (C) जैसलमेर(D) सिकर

34) कौन सा जम्मू और कश्मीर का राष्ट्रीय राजमार्ग नहीं है?

(A)1C (B)1A (C)1(D)1B

35) MIME का अर्थ है

(A)मल्टीपर्पस इंटरनेट मेल एक्सटेंशन (B)मल्टीपर्पस इंटरनेट मेल एक्स्ट्रा

(C)मल्टीपर्पस इंटरनेट मेल ऐंड (D)मल्टीपर्पस इंटरनेट मेल ईमेल

36) आंकड़ों के माध्यिका के आसपास माध्य विचलन ज्ञात करें : 37, 32, 24, 25, 26, 38, 18, 30

(A)4 (B) 4.5(C) 5 (D) 5.5

37) एक्सेल 2010 में किस प्रकार का चार्ट, विभिन्न डेटा सीरीज़ के अग्रगेट मूल्यों की तुलना करता है?

(A) रडार (B) डोनट (C) बबल (D) सर्फेस

38) किस स्वतंत्रता सेनानी ने 1947-48 में जोधपुर में जाट-राजपूत संघर्ष को शांत करने का प्रयास किया किंतु अपने प्राण गंवा दिए?

(A) रामकरण सिंह परोडा (B) हर लाल सिंह मंडासी (C) हरबक्श गढ़वाल (D) आशा राम बालयन

39) "बंगाल विभाजन की घोषणा किस वर्ष की गई थी?

(A) 1906 (B) 1905 (C) 1919 (D) 1911

40) न्यूयार्क में किसे तृतीय U.N. वूमन टूगेदर अवार्ड से सम्मानित किया गया था?

(A) महारानी गायत्री देवी (B) प्रतिभा पाटिल (C) सावित्री जिंदल (D) वसुंधरा राजे

41) विज्ञान और तकनीक के माध्यम से ग्रामीण क्षेत्रों व समाज के कमजोर तबके में वैज्ञानिक रुझान विकसित करने तथा जनसमुदाय के सामाजिक-आर्थिक स्तर को ऊंचा उठाने के लिए राजस्थान सरकार द्वारा 1983 में किस विभाग की स्थापना की गई थी?

(A)जेव प्रौद्योगिकी विभाग (B) विज्ञान एवं तकनीकी विभाग(C) सूचना तकनीकी विभाग (D) मानव संसाधन विभाग

42) उस देश का नाम बताएं जहां किरकुक शहर के पास सबसे पुराना ज्ञात नक्शा पाया गया है।

(A) इराक (B) भारत(C) तुर्की (D) यूनान

43) व्यापक रूप से, राजस्थान में कितने प्रकार के वन पाए जाते हैं?

(A)6(B) 2(C) 3(D) 4

44) मंडी का रॉक नमक भंडार भारत के किस राज्य में अवस्थित है?

(A) अरुणाचल प्रदेश (B) राजस्थान (C) हिमाचल प्रदेश (D) गुजरात

45) ब्यूरो ऑफ़ इन्वेस्टमेंट प्रमोशन, राजस्थान के अनुसार निजी क्षेत्र में IT/ITeS कंपनियों के लिए विशेष आर्थिक क्षेत्र में राजस्थान का स्थान क्या है?

(A) प्रथम (B) चतुर्थ (C) द्वितीय(D) तृतीय

46) प्रथ्वी पर सबसे जैव-विविधता वाला पारिस्थितिक तंत्र निम्न में से कौन सा है?

(A) ध्रुवीय क्षेत्र (B) शीतोष्ण क्षेत्र (C) मध्य अक्षांश महासागर (D)) उष्णकटिबंधीय वर्षावन

47) कार्बन नैनोट्यूब के संदर्भ में SWNT का अर्थ है -

(A) सुपर वेव नैनोट्यूब (B) स्टार वेल नैनोट्यूब (C) सिंगल वाल्ड नैनोट्यूब (D) स्टेटिक वेव नैनोट्यूब

48) निम्न में से कौन सा संस्कृत शब्द 'आयुर्वेद' का अर्थ है जो दुनिया का सबसे पुराना स्वास्थ्य सेवा प्रणाली है?

(A) शुद्ध आत्मा और जीवन (B) स्वास्थ्य का ज्ञान (C) दीर्घ आयु स्वास्थ्य (D) जीवन का विज्ञान

49) निम्नलिखित में से कौन सा एक कथन गुरु जंभेश्वर के बारे में 'सही' है?

(A)उन्होंने सिख पंथ के कर्मकांड और आडंबरों के खिलाफ आवाज उठाई थी

(B)गुरु जंभेश्वर द्वारा स्थापित बिश्नोई संप्रदाय में 29 आज्ञाओं का पालन किया जाता है

(C)उनका जन्म राजस्थान के नीमराना में हुआ था

(D) जंभोजी ने पूरे देश का भ्रमण किया और उपदेश के रूप में 100 शब्द कहे थे

50) CDMA शब्द का तात्पर्य है -

(A)कैरियर डिटेक्शन मोड एक्सेस (B) कैरियर डिमॉड्युलेशन एंड माडयूलेशन एल्गोरिथम

(C)सेंट्रलाइज्ड डिमॉड्युलेशन मेथड एल्गोरिथम (D)कोड डिविशन मल्टिपल एक्सेस

51) उसकी यात्रा के दौरान, प्रकाश 60 किमी/घंटा से दूरी की आधे दूरी को तय करता है। शेष आधी दूरी को तय करने के लिए कुल समय मैं से आधे समय को वह 90 किमी/घंटा की गति से और दूसरा आधा समय को 40 किमी/घंटा की गति से पूरा करता है। 1800 किमी की कुल दूरी को तय करने में प्रकाश को कितना समय लगेगा?

(A) 21 घंटे (B) 24 घंटे (C) 28.85 घंटे (D) 26.36 घंटे

52) 2005 में शुरु हुई राजीवगांधी ग्रामीण विद्युतीकरण योजना की जगह किस नई योजना को लाया गया है?

(A)प्रधानमंत्री आदर्श ग्राम योजना (B)दीनदयाल उपाध्याय ग्राम ज्योति योजना

(C) संपूर्ण ग्रामीण रोजगार योजना (D) समेकित ग्रामीण विकास कार्यक्रम

53) MRTP किसे निरूपित करता है?

(A) मोनोपोलीज़ एंड रेग्युलेशन ट्रेड पॉलिसीज (B) मोनोपोलीज़ एंड रेग्युलेशन ट्रेड प्रैक्टिसेज

(C) मोनोपोलीज़ एंड रेस्ट्रिक्शन ट्रेड पॉलिसीज (D) मोनोपोलीज़ एंड रेस्ट्रिक्शन ट्रेड प्रैक्टिसेज

54) राजस्थान में कितने प्रमुख लिग्नाइट आधारित पॉवर प्लांटसंयंत्र हैं?
(A)2 (B)13 (C)35 (D)21

55) Fill in the blank with correct form of
verb: We all.....by experience.
(A) is learning (B) learns (C) has learned (D) learn

56) Identify the correct sentence:
(A) Take care lest you do not fall.(B) You will be suspended unless you do
not pay your fees.
(C) She asked that what is my name.(D) He ran away lest he should be seen.

57) शब्दों के चार युग्म दिए गए हैं। उनमें से शब्दों के तीन युग्म किसी रूप में आपस में संबंधित हैं और एक युग्म भिन्न है। वह भिन्न शब्द युग्म कौन सा है, जो बाकी युग्मों से संबंधित नहीं है?

(A) रात -दिन (B) प्रकाश-अंधेरा(C) सफ़ेद-काला(D) सूर्य-चाँद

58) Choose the antonym of the
underlined word : She was an awkward dancer.
(A) adroit(B) unskillful(C) inept(D) ungraceful

59) Choose the correct sentence in Passive Voice:

Peasant farmers grow most of the produce sold in the market.

(A) By peasant farmers most of the produce sold in the market is grown.

(B) Most of the produce sold in the market was being grown by peasant farmers.

(C) Peasant farmers grown most of the produce sold in the market.

(D) Most of the produce sold in the market is grown by peasant farmers.

60) Fill in the blanks with the correct option: We could hear someone knocking...... the door.

(A) wite (B) through (C) along (D) on

61) Choose the one-word substitute: Become pink in tha face, usually from embarrassment.

(A) bluff(B) blunt(C) blur(D)btush

62) Choose the synonym of the underlined word :

Doctors love to confuse us with obscure Latin names and terms.

(A) vague(B) long(C) perfect(D) short

63) किसी विशेष कूट भाषा में को 9%@$ और को #$7@ कूट बद्ध किया गया है, तो उसी भाषा में को कैसे कूट बद्ध किया जाएगा?

(A) 9@67 (B) 927@ (C) 92@6(D) 9267

64) Fill in the blanks with the correct option.

.......language of.......article will have to be toned down.

(A) The; the(B) No Article; an(C) An; a(D) No Article ; the

65) इरेजर को पेंसिल और पेंसिल को शार्पनर और शार्पनर को बैग माना जाता है, तो बच्चे किस से लिखेंगे?

(A)बेग(B) पेंसिल (C) बॉक्स (D) शोपनर

66) शब्दों के चार युग्म दिए गए हैं। उनमें से शब्दों के तीन युग्म किसी रूप में आपस में संबंधित हैं और एक युग्म भिन्न है। वह भिन्न शब्द युग्म कौन सा है, जो बाकी युग्मों से संबंधित नहीं है?

(A) छात्र और शिक्षक (B) मछली और एक्वेरियम (C) चिड़िया और घोंसला (D) अपराधी और जेल

67) एक बेंच पर पांच छात्र बैठे हए हैं। बीच में बैठी लाल आंखों वाली महिला मेरी मां है। सबसे बार्थी ओर, सफेद बालों वाला व्यक्ति मेरा मामा है। सबसे दायीं ओर बैठी महिला जिसकी नाक पर छोटा का मस्सा है वह उस व्यक्ति की पत्नी है जो लाल आंखों वाली महिला और सफेद बालों वाले पुरुष के बीच में बैठा है और उसकी नाक नुकीली है। चेहरे पर निशान वाली महिला लाल आंखों वाली महिला की छोटी बहन है और वह पांचवें स्थान पर बैठी है। नुकीली नाक वाला व्यक्ति लाल आंखों वाली महिला का बेटा है। चेहरे पर निशान वाली महिला, सबसे बायीं ओर बैठे पुरुष की क्या लगती है?

(A) पत्नी (B) मामी (C)साली (D) बहन

68) एक महिला ने अपने मामा के पिता की बेटी के पुत्र के रूप में एक लड़के का परिचय दिया। वह लड़का महिला का कौन है?

(A) भाई (B)चाचा (C)भतीजा(D) बेटा

69) किसी विशेष कूट भाषा में, A = 4,K = 3,N = 2, P = 1 है तो, किस अक्षर समूह का योग सबसे बड़ी संख्या होगी?

(A) NAKNA(B) PKANA(C) NPAKN(D) KANPK

70) निम्न में से हूण का नेता कौन था जिसने अपने विनाश की शुरूआत करने के लिए गुप्त राजवंश पर आक्रमण किया था?

(A) यशोधर्मन (B) तोरामर (C) बालादित्य (D) मिहिरकुल

71) भारत सरकार अधिनियम 1919 किस संस्था का एक अधिनियिम है?

(A) भारतीय संसद (B) वायसराय काउंसिल (C) गवर्नर जनरल काउंसिल (D) यूनाइटेड किंगडम की संसद

72) कौन सा संशोधन ओं गांवों प्रशासन के तीसरे स्तर के रूप में पंचायत राज के लिए वैधानिक प्रावधान और शहरी क्षेत्रों में प्रशासन के तीसरे स्तर के रूप में स्थानीय प्रशासनिक निकायों के लिए वैधानिक प्रावधान प्रदान करता है?

(A)संशोधन 93 और संशोधन 94 (B)संशोधन 73 और संशोधन 74

(C) संशोधन 70 और संशोधन 71 (D) संशोधन 71 और संशोधन 72

73) निम्न में से किसने तात्या टोपे को बठोट में प्रवेश करने और शेखावाटी क्षेत्र के नेता से मिलने से रोका था?

(A)महाराजा सादुल सिंह (B) कैप्टन आर. एच. किटिंग (C) महाराजा गंगा सिंह (D) राव राजा भैरों सिंह

74) निम्न में से किस क्रांतिकारी को 1925 में काकोरी षड्यंत्र मामले के आधार पर फांसी दी गई थी?

(A) रामप्रसाद बिस्मिल (B) चंद्रशेखर आजाद (C) भगत सिंह (D) राजगुरू

75) किस देश के क्रिकेटरों पर वर्ल्ड कप के दौरान सोशल नेटर्किंग साइट का इस्तेमाल करने के लिए प्रतिबंध लगाया गया था?

(A) भारत (B) ऑस्ट्रेलिया (C) इंग्लैंड (D) पाकिस्तान

76) हाल ही में कौनसा राज्य 10 गीगा वाट की सौर क्षमता पार करने वाला पहला राज्य बना है ?

(A) राजस्थान (B) तमिलनाडु(C) गुजरात (D) तेलंगाना

77) A , B और C 1 किमी दौड़ते हैं। B,C को 20 मीटर, अथवा 5 सेकंड से हरा देता है। C,A को 10 सेकंड से हराता है।A की गति क्या है?

(A) 3.85 मीसेकंड (B) 3.95 मीसेकंड (C) 4 मीसेकंड (D) 4.1 मीसेकंड

78) किस संशोधन को संविधान की अनुसूची 10 में जोड़ा गया है?

(A) 44वां संशोधन (B) 86वां संशोधन (C) 52वां संशोधन (D) 100वां संशोधन

79) निम्नलिखित में से किस समिति की सिफारिशों पर विभिन्न राज्यों के लिए भिन्न-भिन्न गरीबी रेखाएं निर्धारित की गई थी?

(A) लकड़ावाला (B) मल्होत्रा(C) तेंदुलकर (D) नरसिम्हा

80) भारतीय स्वराज पार्टी का गठन करने के लिए मोती लाल नेहरू के साथ जुड़ने वाले प्रमुख नेता कौन थे?

(A)सी. आर. दास (B)गांधी जी (C)सुभाष चंद्र बोस (D) खुदीराम बोस

81) वह कौन सा उपकरण है, जो एक टेलीफोन लाइन या उच्च गति केबल से कम्प्यूटर की सूचना को भेजता और प्राप्त करता है?

(A) मोडम (B) संसाधक (C) SMPS(D) हार्ड डिस्क

82) आंकड़ों के दिए गए समुच्चय का माध्य ज्ञात करें : 5, 7, 9, 10, 13, 18, 4, 6
(A) 7.5(B) 7 (C) 8 (D) 9

83) 'केवलादेव घाना पक्षी अभयारण्य' कहां स्थित है?

(A) कुम्बलगढ़ (B) जैसलमेर (C) भरतपुर (D) कोटा

84) साधारणतः कुछ नियम से जुड़ी संख्याओं की एक सूची को क्या कहा जाता है?

(A) प्राकृतिक संख्या (B) कतार (C) माउस (D)सिक्वेनस

85) निम्नलिखित में किस को भारत का सबसे लंबा राष्ट्रीय राजमार्ग माना जाता है?

(A) 10 (B) 7 (C) 1 (D) 5

86) निम्न में से किसे वन आधारित और कृषि आधारित उद्योग अपशिष्ट, ऊर्जा प्लांटेशन, वानिकी और कृषि अपशिष्ट के रूप में परिभाषित किया जाता है?

(A) बगैस(B) गोबर गैस (C) बायोगैस (D) बायोमास

87) राजस्थान में प्रथम चरण में कितने स्थलों को 'बायोडाइवर्सिटी हेरिटेज साइट्स' के रूप में चुना गया है?

(A)7(B) 4 (C) 5(D) 3

88) 3 संख्याओं के समुच्चय का माध्य सबसे छोटी संख्या से दस अधिक है। यदि सबसे छोटी संख्या 5 है, तो अन्य दो संख्याओं का योगफल क्या है?

(A) 36 (B) 40 (C) 30 (D) 48

89) खाद्यान्न मूल्य समिति, 1964, ने किस आयोग की स्थापना की अनुशंसा की थी?

(A) कृषि मूल्य आयोग (B) कृषि निवेश आयोग (C) कृषि विपणन आयोग (D) कृषि विकास आयोग

90) बताएं कि निम्नलिखित में से कौन सा कथन सही या गलत है।

1) करों में वृद्धि और बजट घाटे में कमी को एक प्रतिबंधक मौद्रिक नीति माना जाता है जो कुल मांग को कम करेगा और GDP विकास को धीमा करेगा।

2) करों में कमी और बजट घाटे में वृद्धि को एक विशाल राजकोषीय नीति के रूप में माना जाता है जो कुल मांग में वृद्धि करेगा और अर्थव्यवस्था को प्रोत्साहित करेगा।

(A)1-गलत 2-सही (B)1-सही 2-सही (C)1-गलत 2-गलत (D)1-सही 2-गलत

91) जब प्रेषक और प्राप्तकर्ता दोनों संचार स्थापित करने के लिए LAN या WAN के माध्यम से दो अलग अलग मेल सर्वर से कनेक्ट होते हैं, तब कितने उपयोगकर्ता एजेंट (UA) और संदेश स्थानांतरण एजेंटों (MTA) की जरूरत होती है?

(A) दो UAs कीए दो MTAs की जोड़ियों की , (B) एक UA की एक MTA की जोड़ी की ,

(C) किसी भी UAs, MTAsकी नहीं (D) 5UAs , 5 MTAs की

92) चांदीपुर में ITR से मई, 1989 में जांच हेतु फायर की गई भारत की प्रथम मध्यवर्ती सीमा की प्रक्षेपात्र निम्नलिखित में से कौन सी है?

(A)आकाश (B) अग्नि (C) पृथ्वी-|| (D) नाग

93) वधू लजा रही है - कर्म की दृष्टि से वाक्य में प्रयुक्त क्रिया के लिए कौन सा विकल्प सही है ?

(A) सकर्मक क्रिया(B) बहुकर्मक क्रिया (C) अकर्मक क्रिया(D) अनकर्मक क्रिया

94) इनमें से आजादी का विपरीतार्थी शब्द क्या है ?

(A) नौकरी (B) गुलामी (C) कैदी(D) पराधीनता

95) इनमें शुद्ध वर्तनी वाला शब्द कौन सा है ?

(A) आधीन (B)आधीना(C) अधीन (D) अधीना

96) इनमें से कौन सा युग्म अनेकार्थक शब्द और उनके भिन्न अर्थ की दृष्टि से गलत है ?

(A) पक्षी -- पंख, सहायक, पंद्रह दिन का समय,कोष्ठक (B) खर - गदहा, प्रखर, तिनका, रावण का भाई

(C) हिम -- जाड़ा, चंद्रमा, मोती, चंदन (D) वन -- जंगल, बगीचा, जल, घर

97) इनमें से अल्पज्ञ का विपरीतार्थी क्या होगा?

(A) बहुज्ञ(B) अनभिज्ञ(C) भिज्ञ(D) सर्वज्ञ

98) इज्जत बिगाड़ना -- इस मुहावरे का क्या अर्थ है ?

(A) प्रतिष्ठित करना(B) बेइज्जती करना(C) परेशान करना (D) अपहरण करना

99) ननिहाल शब्द में मूल शब्द क्या है ?

(A) ल(B) हाल (C) नाना (D) नानी

100) इनमें से कौन सा युग्म गलत है ?

(A) शायद वे आ रहे होंगे -- पूर्वकालिक क्रिया(B) किसान खेत की जुताई करते हैं -- सकर्मक क्रिया

(C) बादल छंटते ही सूरज चमकने लगा -- अकर्मक क्रिया (D) वह बाजार जाकर आ गया -- पूर्वकालिक क्रिया

101) न्याय प्रशासन अब किस सूची का विषय है?

(A) केंद्रीय (B) अंतरराष्ट्रीय (C) राज्य(D) संगामी

102) केंद्रीय केबिनेट ने जनवरी 2016 में किस राज्य में राष्ट्रपति शासन लागू किया था?

(A) पश्चिम बंगाल (B) त्रिपुरा (C) अरुणाचल प्रदेश (D) केरल

103) विशेषज्ञ समूह ने 2014 में गरीबी रेखा के रूप में ग्रामीण क्षेत्रों के लिए 972 रु और शहरी क्षेत्रों के लिए 1407रु 'प्रति व्यक्ति मासिक व्यय' देकर अपनी रिपोर्ट प्रस्तुत की थी।

(A)विशेषज्ञ समूह 2005 तेंदुलकर (B) विशेषज्ञ समूह 1993 लकड़ावाला

(C) अलगाह के तहत, 1979 की टास्क फोर्स (D) विशेषज्ञ समूह, 2012 रंगाराजन

104) बिजली के कमी के कारण बहुत से राज्यों ने औद्योगिक गतिविधि को घटा दिया है जिससे बेरोजगार व्यक्तियों की संख्या बढ़ गई है, इसे क्या कहा जाता है?

(A) मौसमी बेरोजगारी (B) चक्रीय बेरोजगारी (C) प्रच्छन्न बेरोजगारी (D) शिक्षित बेरोजगारी

105) निम्नलिखित में से कौन-सा एक चूहों को मारने के लिए उपयोग में लाया जाता है?

(A) कृतन्कनाशी (B) तृणनाशक(C) कवकनाशी (D) कीटनाशक

106) निम्न में से कौन सी एक रग्बी वर्ल्ड कप 2019 में रनर अप टीम थी?

(A) इंग्लैंड(B) अर्जेंटीना (C) ऑस्ट्रेलिया (D) न्यूजीलैंड

107) इंटरनेशनल यूनियन फॉर कंज़र्वेशन ऑफ़ नेचर की लुप्तप्राय प्रजाति, ग्रेट इंडियन बस्टर्ड निम्नलिखित में किस राज्य में ज्यादातर पाई जाती है?

(A) राजस्थान(B) केरल (C) कर्नाटक (D) तमिलनाडु

108) निम्न में से कौन सी अंतरराष्ट्रीय, कानूनी रूप से बाध्यकारी संयुक्त राष्ट्र संधि है जो जैव विविधता संरक्षण और संधारणीय उपयोग के लिए राष्ट्रीय रणनीतियों वितरित करती है?

(A) कन्वेंशन ऑन बयोलॉजिकल डाइवर्सिटी(B) प्रोटोकॉल ऑन इंटरनेशनल कन्जर्वेशन ऑफ बयोडाइवर्सिटी

(C) इंटरनेशनल अग्रीमेंट ऑन कन्जर्वेशन एंड कन्वेंशंस ऑन बयोलॉजिकल डाइवर्सिटी

(D) इंटरनेशनल बयोडाइवर्सिटी फ्रेमवर्क

109) Choose the one-word substitute : A signature of A famous person.

(A) biopic(B) autobiography(C) biography(D) Autograph

110) Fill in the blank with correct form of verb:

The hot sunny days......tempered by A light breeze

(A) was(B) were(C) has been(D) is

111) शेखावाटी क्षेत्र में उब छठ को क्या कहा जाता है ।

(A) उठ छठ(B) गामा छठ(C) चाना छठ(D) निर्जला छठ

112)राजस्थान के भौगोलिक क्षेत्र को राजस्थान नाम कब दिया गया ?

(A) 15 अगस्त 1947 को(B) 1 नवंबर 1956 को(C) 8 मार्च 1950 को(D) 25 मार्च 1956 को

113)कितने रजवाड़ो एवं राज्यों के एकीकरण से राजस्थान राज्य बना ?

(A) 18(B) 16(C) 19(D) 20

114) सेवन,धामन, मूरात आदि किस प्रकार की वनस्पति वर्ग के अन्तर्गत आते हैं?

(A) झाड़ियां(B) वृक्ष(C) घास(D) उपर्युक्त सभी

115)राष्ट्रीय वन नीति के अनुसार राज्यों में कुल क्षेत्रफल की वन भूमि कितनी होनी चाहिए?

(A) 20%(B) 33 %(C) 25 %(D) 30 %

116) 'थार का कल्पवृक्ष ' कहाँ जाने वाला वृक्ष है?

(A) रोहिड़ा(B) सागवान(C) बबूल(D) खेजड़ी

117)राजस्थान की किस नदी को स्थानीय भाषा में 'वन की आशा' कहा जाता है?

(A) माही(B) बनास(C) सोम(D) मेन्था

118)निम्नलिखित राजस्थान के जिलों में कौनसा एक अति—आद्रू जलवायु प्रदेश का एक भाग है?

(A) अजमेर(B) राजसंमद(C) दौसा(D) बारा

119)निम्नलिखित में से कौनसी फसल राजस्थान के आर्द्र दक्षिणी मैदानी-कृषि जलवायु खण्ड के लिए उपर्युक्त नहीं है?

(A) गेहूँ(B) दालें(C) चावल(D) जीरा

120)निम्नलिखित में से कौनसा युग्म गलत सुमेलित है?

(A) रामदेवजी—रामदेवरा(B) पाबूजी — कोलू(C) मल्लीनाथजी —करनाल(D) गोगाजी —ददरेवा

121) भारत सरकार ने सरकारिया आयोग का गठन कब किया?

(A] 1981(B] 1982(C] 1983(D] 1984

122) "इंडिया जो कि भारत है, राज्यों का एक संघ होगा।"

यह भारत के संविधान में निम्नलिखित में कहां उल्लिखित है?

(A] प्रस्तावना(B] अनुच्छेद 1(C] अनुच्छेद 2(D] दूसरी अनुसूची

123) निम्नलिखित में क्या राज्य के मुख्य सचिव का कार्य नहीं है?

(A] पूरे सचिवालय पर नियंत्रण रखना(B] मुख्यमंत्री को प्रशासन के सभी मुद्दों पर सलाह देना(C] राज्य सरकार के प्रवक्ता के रूप में कार्य करना(D] राज्य के मामलों की रिपोर्ट केंद्रीय मंत्रियों को भेजना

124) भारत में पहली बार आम चुनाव कब हुआ?

(A] 1947(B] 1949(C] 1951(D] 1955

125)पहला मानव-विकास सूचकांक किस अर्थशास्त्री ने तैयार किया था ?

(A) प्रो. अमर्त्य सेन ने(B) महबूब-उल-हक ने(C) डॉ. मनमोहन सिंह ने(D) इनमें से कोई नहीं

126)किस कछवाहा शासक ने आमेर को अपनी राजधानी बनाया ?

(A) दुल्हा राय(B) कांकिल देव(C) भारमल(D) भगवान दास

127)अत्यधिक दूर होने के कारण कौन-सा राजपूत मराठा आतंक से बचे रहे ?

(A) जैसलमेर(B) बीकानेर(C) (A और (B दोनों(D) कोटा

128)राजस्थान के किस क्षेत्र में विन्ध्य पठार का विस्तार है ?

(A) उत्तर-पूर्व(B) दक्षिण-पूर्व(C) दक्षिण(D) दक्षिण-पश्चिम

129)पूर्वी राजस्थान और हरियाणा राज्य में अरावली के किस दर्रे द्वारा मरुस्थल का विस्तार हो रहा है ?

(A) संभर गैप(B) जालौर गैप(C) पिण्डवाड़ा गैप(D) पीसांगन गैप

130)परमवीर चक्र प्राप्तकर्ता राजस्थान के प्रथम व्यक्ति हैं ?

(A) मेजर शैतान सिंह(B) हवलदार मेजर पीरू सिंह(C) हवलदार शम्भू सिंह(D) सूबेदार सुरेश चन्द्र यादव

131)राज्य का एक मात्र विभीषण मंदिर कहाँ स्थित है ?

(A) कैथून(B) केकड़ी(C) जहाजपुर(D) बांकलिया

132)राजस्थान में प्रथम बार राष्ट्रपति शासन किस वर्ष लगा ?

(A) 1967 ई.(B) 1977 ई.(C) 1980 ई.(D) 1992 ई.

133) कथन :

कुछ कलाई-घड़ियां मुर्गियां हैं। सभी मुर्गियां घड़ियां हैं।

निष्कर्ष:

I.सभी कलाई-घड़ियां घड़ियां हैं। II. कुछ घड़ियां मुर्गियां हैं।

(A) केवल निष्कर्ष I सही है (B) ना तो I ना II सही है(C) केवल निष्कर्ष II सही है (D) दोनों I और II सही है

134) साधारण ब्याज दर पर एक निश्चित राशि 3 वर्षों में 815 रु और 4 वर्षों में 854 रु हो जाती है। वह धनराशि क्या है

(A) 698रु (B) 650रु (C) 690रु (D) 700रु

135) निम्न में से कौन सा एक नई प्रौद्योगिकियों को अपनाने, कृषि आधारित अर्थव्यवस्था से उद्योग आधारित अर्थव्यवस्था में अवस्थांतरण और जीवन स्तर में सामान्य सुधार को संदर्भित करता है?

(A) आर्थिक विकास (B) तकनीकी विकास (C) सामाजिक विकास (D) मानव संसाधन विकास

136) बैंक ऑफ राजस्थान लिमिटेड भारत में निजी क्षेत्र का बैंक है। 2010 में इसे किस बैंक के साथ विलय कर दिया गया था?

(A) इंडस्ट्रियल केडिट एंड इन्वेस्टमेंट कोर्पोरेशन ऑफ इंडिया(B) हाउसिंग डेवलपमेंट फाइनेंस कॉरपोरेशन

(C) हांगकांग शंघाई बैंकिंग कॉरपोरेशन (D) ऐक्सिस बैंक

137) कम्प्यूटरों में प्रयुक्त अक्षरांकीय कूट निम्नलिखित में से कौन-सा है?

(A) एक्सेस (B) कोड (C) कोड (D) ग्रे कोड

138) इंटरनेट के संदर्भ में, FTP शब्द का तात्पर्य है -

(A) फाइल ट्रांसफर प्रोटोकॉल (B) फील्ड ___ प्रोग्रामेबल प्रोटोकॉल (C) फिल्म ट्रांसफर प्रोटोकॉल (D) फाइल ट्रांसफर प्रोग्राम

139) "जन सरकार, जन द्वारा, जन के लिए" इस लोकतांत्रिक अवधारणा को किसके द्वारा परिणत किया गया था?

(A) अब्राहम लिंकन (B) काल मार्क्स (C) रूसो (D) महात्मा गाँधी

140) जवाहर सागर बांध किस नदी पर स्थित है?

(A) माही (B) चंबल (C) रावी (D) सतलुज

141) एडम स्मिथ के अनुसार, सार्वजनिक वित्त के प्रशासनिक पक्ष पर कराधान के चार सिद्धांत या नियम हैं। निम्न में से कौन सा एक सलाह देता है कि कर इकट्ठा करने की लागत अधिकतम नहीं होनी चाहिए, लेकिन न्यूनतम हो?

(A) कैनन सुविधा (B) कैनन निश्चितता (C) कैनन अर्थव्यवस्था (D) कैनन समानता या इक्विटी

142) निम्नलिखित में से किसे राष्ट्रीय राजमार्ग सं. 1 के नाम से जाना जाता है?

(A) बटोटे- डोडा- किश्तवाड़ सिमथान पास- खानबाल (B) जालंधर- माधोपुर- जम्मू- बनिहाल- श्रीनगर बारामूला- उरी

(C) दिल्ली- अंबाला जालंधर- अमृतसर- भारत-पाक सीमा (D) श्रीनगर- कारगिल लेह

143) अनुच्छेद 32 के अंतर्गत, सर्वोच्च न्यायालय का न्यायाधिकार क्या है?

(A) मौलिक अधिकारों को प्रवर्तन के लिए ही सीमित करना (B) वैधानिक अधिकारों को लागू करने के लिए उपलब्ध

होना (C) संवैधानिक अधिकारों को बढ़ाया जाना (D) मानवाधिकारों के प्रवर्तन के लिए उपलब्ध नहीं

144) बर्फ की चादर का पिघलना किसमें योगदान कर सकता है?

(A) भूमि स्तर बढ़ाने (B) पठार स्तर बढ़ने (C) समुद्र स्तर बढ़ने (D) पहाड़ी स्तर बढ़ने

145) "अगस्त ऑफ 1940" जिसने भारतीयों को संविधान निर्माण के प्रतिनिधि निकाय की स्थापना करने की पेशकश की थी, इसके लिए कौन सा वायसराय उत्तरदायी था?

(A) लार्ड कैनिंग (B) लार्ड माउंट बेटन (C) लार्ड लिन्लिथगो (D) लार्ड मिन्टो

146) निम्नलिखित में से कौन सा वैदिक युग में मानव जीवन के चार आश्रमों में से एक है और जो मुख्यतः शरीर और मस्तिष्क के विकास हेतु शिक्षा से संबंधित है?

(A) वनप्रस्थ (B) सन्यास (C) ग्रहस्थ (D) ब्रह्मचर्य

147) 2011 की जनगणना के अनुसार, 2001-2011 के दौरान राजस्थान की जनसंख्या वृद्धि दर है

(A) 28 प्रतिशत (B) 36 प्रतिशत (C) 21 प्रतिशत (D) 32 प्रतिशत

148) समान समय में, मधु मीना से दोगुणी दूर तक दौडती है। यदि मीना 5 घंटे में 100 कि.मी. की दूरी तय करती है, तो मधु 20 घंटों में कितनी दूरी तय कर सकती है ?

(A) 800 कि.मी. (B) 600 कि.मी. (C) 500 कि.मी. (D) 400 कि.मी.

149) निम्न में से कौन सी योजना शैक्षिक रूप से पिछड़े ब्लॉको में , , , अल्पसंख्यक समुदायों और गरीबी रेखा के नीचे आने वाले परिवारों की लड़कियों के लिए शैक्षिक सुविधाएं आवासीय विद्यालय प्रदान करती है?

(A)किशोरियों के सशक्तिकरण के लिए राजीव गांधी योजना (B)सुकन्या समृद्धि योजना

(C)कस्तूरबा गांधी बालिका विद्यालय योजना (D)बालिका समृद्धि योजना

150) 1191 ई. म 'तराइन का प्रथम युद्ध किसके बीच लड़ा गया था?

(A) पृथ्वीराज चौहान और मुहम्मद बिन कासिम (B) पृथ्वीराज चौहान और मुहम्मद गौरी

(C) पृथ्वीराज चौहान और मलिक कफूर (D) पृथ्वीराज चौहान और बलबन

उत्तर माला

1.B 2.D 3.C 4.A 5.C 6.A 7.B 8.A 9.D 10.C 11.D 12.A 13.A 14.D 15.C 16.D 17.B 18.D 19.C 20.D 21.A 22.C 23.A 24.A 25.C 26.A 27.A 28.D 29.D 30.D 31.A 32.B 33.D 34.C 35.A 36.D 37.A 38.A 39.B 40.D 41.B 42.A 43.D 44.C 45.A 46.D 47.C 48.D 49.B 50.D 51.C 52.B 53.D 54.B 55.D 56.D 57.D 58.A 59.D 60.D 61.D 62.A 63.B 64.A 65.D 66.A 67.D 68.A 69.A 70.B 71.D 72.B 73.D 74.A 75.D 76.A 77.A 78.C 79.A 80.A 81.A 82.D 83.C 84.D 85.B 86.D 87 .C 88.B 89.A 90.A 91.A 92.B 93.C 94.B 95.C 96.A 97.A 98.B 99.D 100.A 101.D 102.C 103.D 104.B 105.A 106.A 107.A 108.A 109.D 110.B 111.C 112.B 113.C 114.C 115.B 116.D 117.B 118.D 119.D 120. C121.C 122. B123.D 124.C 125.B 126.B 127.C 128.B 129.A 130.B 131.A 132.A 133.C 134.A 135.A 136.A 137.B 138.A 139.A 140.B 141.C 142.C 143.A 144.C 145.C 146.D 147.C 148.A 149.C 150.B

<h1 align="center">3</h1>

<h1 align="center">मॉडल पेपर</h1>

1) सर्वोच्च न्यायालय के न्यायधीश की सेवानिवृत्ति की आयु क्या है?

(A) 68 (B) 62 (C) 65 (D) 70

2) आँकड़ो का एक समूह 3, 7, 1, 9, 8, , 11, 16 के रूप में दिया गया है। आंकड़ों के इस समुच्चय का माध्य 8.125 है। का मान क्या होगा?

(A) 14 (B) 18.5 (C) 17 (D) 15.5

3) शब्द संसाधन की कौन सी विशेषता उपयोगकर्ता निर्मित फॉर्मेटिंग आदेश होते हैं जो किसी डॉक्युमेंट के अंदर बार) बार आने वाली फॉर्मेटिंग संरचनाओं पर बेहतर नियंत्रण प्रदान करती है?

(A) मैक्रो और मर्जिंग(B) ऑटोमेटिक रेफरेंसस और इंडेक्सस (C) स्टाइल (D) वर्जन कंट्रोल

4) लता आशा को 500 मीटर की दौड़ में 10 सेकंड या 80 मीटर से हराती है। आशा को 1 कि) मी) की दौड़ को पूरा करने में कितना समय लगेगा?

(A) 2 मिनट (B) 2 और 20 सेकंड (C) 125 सेकंड (D) 175 सेकंड

5) 115वां एमेचर गोल्फ चैम्पियनशिप ऑफ इंडिया, टाइटल किसने जीता था?

(A) प्रियांशु सिंह (B) शुभम जगलन (C) अनिर्बेन लाहिरी (D) क्षितिज नावेद कौल

6) वर्तमान में, निम्न में से क़ोन BCCI के अध्ययक्ष के रूप में कार्य कर रहे है ?

(A) शरद पवार (B) शशांक मनोहर (C) जय शाह (D) सोरव गांगुली

7) चर्च ऑफ़ गॉड बनाम KKR मेजेस्टिक कॉलोनी एसोसिएशन के मामले में सर्वोच्च न्यायालय द्वारा दिया फैसला किस तथ्य को स्पष्ट करता है?

(A)मौलिक अधिकार अनपेक्ष नहीं हैं (B) किसी भी धर्म को एम्पलीफायर के माध्यम से प्रार्थना सुनाना आवश्यक नही है

(C) ध्वनि प्रदूषण संवैधानिक उल्लंघन है (D) शोर एक प्रदूषण है

8) संयोग शब्द में कौन सा उपसर्ग लगा हुआ है ?

(A) संय (B) सं (C) सम् (D) सन्

9) अनावश्यक में कौन सा उपसर्ग लगा हुआ है ?

(A) अन् (B) अ (C) अन (D) अना

10) नागरिक शब्द का विलोम इनमें से क्या होगा?

(A) शहरी (B) गंवार (C) ग्रामीण (D) विदेशी

11) इनमें से कौन सा वाक्य अशुद्ध है ?

(A) नेहरू जी का भाषण स्मरणीय था। (B) यज्ञ करने से वायुमंडल पावन होता है।

(C) हाय! हाय! बनता क्यों है? मेरी पुस्तक दे। (D) विद्वान की शोभा कीमती जेवरों से होती है।

12) इनमें से स्तुति का विलोम शब्द क्या होगा ?

(A) प्रार्थना (B) निंदा (C) संस्तुति (D) अस्तुति

13) क्रिया के जिस रूप से यह ज्ञात होता है कि क्रिया का मुख्य विषय कर्ता है, कर्म है, या भाव उसे क्या कहते हैं ?

(A) वाच्य (B) क्रिया (C) भाव (D) संज्ञा

14) विश्व में स्थित के अर्थ में इनमें से कौन सा शब्द शुद्ध है ?

(A) विश्वस्थ (B) विश्वथ (C) विश्वस्त (D) विस्वस्थ

15) इनमें से कौन सा विकल्प भाववाच्य का उदाहरण नहीं है ?

(A) मुझसे उठा नहीं जाता। (B) हमसे हंसा नहीं जाता। (C) मेरे द्वारा दूध पिया नहीं जाता। (D) उससे कूदा नहीं जाता।

16) किलोमीटर की इकाई में राष्ट्रीय जलमार्ग सं. 1 की कुल लंबाई कितनी है?

(A) 1620 (B) 1650 (C) 1670 (D) 1600

17) विद्या प्रचारणी सभा की स्थापना किसने की थी?

(A) साधु सीतारामदास (B) अंजना देवी चौधरी (C) कजौरी लाल जोशी (D) चंद्र कान्त ज्योतिष

18) Choose the Correct suffix : Entertain

(A) ment (B) Ant (C) ent (D) iCal

19) Select the Correct Assertive sentence : Did India win the world Cup yesterday?

(A) Yesterday, India won the the World Cup. (B) India has won the World Cup yesterday.

(C) India won the World Cup yesterday. (D) The World Cup yesterday India won.

20) यदि दो क्रमागत पूर्ण संख्याओं के वर्ग का अंतर 23 है, तो उन संख्याओं के घनों का अंतर ज्ञात करें।

(A) 369 (B) 397 (C) 527 (D) 547

21) Identify the correct words to fill in the

blanks: It was a......thinking on my part to request my ardent critic to write the...... for my new book.

(A) foreword, foreword (B) forward, foreword (C) forward,forward (D) foreword,forward

22) Fill in the blank with correct form of

verb: The bark of plane-trees......... off regularly.

(A) peels (B) was being peeled (C) is peeling (D) peel

23) रॉय ने दो रेस में 68 रु हारे। दूसरे रेस में उसे पहले रेस की तुलना में 6 रु का अधिक घाटा हुआ। रॉय के मित्र को दूसरे रेस में रॉय से 4 का अधिक घाटा हुआ। दूसरी रेस में रॉय के मित्र को कितना घाटा हुआ?

(A) 41 (B) 40 (C) 39 (D) 45

24) Choose the correct sentence in Passive Voice: The government approved the project.

(A) By the project was the government approved.

(B) The project has been approved by the government,

(C) The project was approved by the government.

(D) The government was approved by the project.

25) किसी विशेष कूट भाषा में, THENको VFGL के रूप में कूट बद्ध किया गया है। WORD को कैसे कूट किया जाएगा?

(A) VQFP (B) UQFP (C) YMTB (D) YMVB

26) Fill in the blanks with the Correct option: This is......Book.

(A) my (B) yours (C) mine (D) hers

27) Fill in the blanks with the Correct option: The Ancient City of Assisi has ......wonderful magical quality.

(A) the (B) An (C) A (D) No Article

28) Select the correct Exclamatory sentence: It's a beautiful flower.

(A)What a beautiful flower it is! (B) It's a beautiful flower it is!

(C) Wow, that is a beautiful flower it is! (D) What a beautiful flower it is, oh!

29)चार अलग अलग शब्द दिए गए हैं। उनमें से तीन शब्द किसी रूप से समान हैं जबकि एक भिन्न है। भिन्न शब्द क्या होगा।

(A) प्रीप्रोसेसर (B) मेक्रोस (C) हेडर फाइल (D) कम्पाइलर

30) एक फोटो की ओर इशारा करते हुए, दिनेश ने कहा, "इसका पिता मेरी मां का इकलौता बेटा है। फोटो किसका है?

(A) दिनेश का बेटा (B) दिनेश (C) दिनेश का पिता (D) दिनेश का भाई

31) उस संख्या युग्म को ज्ञात करें जो समान गुणों के अभाव के कारण दिए गए समूह से संबंधित नहीं है।

(A) 4270 (B) 6710 (C) 2640 (D) 5720

32 , किसी विशेष कूट भाषा में CHIP DIN CHUNK का अर्थ है STUDENTS ATTEN(DS CLASS , DIN SHUNK DINK का अर्थ है ARJUN IS STUDENT,JUMP MINK SHINK का अर्थ है SCHOOLS AIR GOOD,DINK MUP CHIMP का अर्थ है TEACHER IS TEACHING तो निम्न में से ARJUN के लिए क्या प्रयुक्त है ?

(A) DINK (B) DIN (C) SHUNK (D) CHUNK

33) भारत में आर्यों द्वारा निम्न में से कौन सी भाषा का प्रयोग किया जाता था

(A) पाली (B) देवनागरी (C) संस्कृत (D) हिंदी

34) गोविंद राम हनुमानपुरा दुलार एक स्वतंत्रता सेनानी और किस किसान आंदोलन का नेता था?

(A) बिजोलिया आंदोलन (B) बेगुन किसान आंदोलन (C) किसान आंदोलन ' (D) शेखावटी किसान आंदोलन

35) IFAD एक प्रमुख बाह्य दाता अभिकरण है जो सिंचाई, स्वास्थ्य, जलापूर्ति, वानिकी, नगर विकास वंचित समूहों के लिए कार्यक्रम, समाज कल्याण एवं ग्रामीण विकास गरीबी उन्मूलन कार्यक्रम जैसे विविध क्षेत्रों के तहत राज्य की कई सारी परियोजनाओं का वित्तपोषण करता है। IFAD क्या है?

(A) इंटरनेशनल फण्ड फॉर ऐग्रिकल्चर डिपार्टमेन्ट (B) इंटरनेशनल फण्ड फॉर ऐग्रिकल्चर डेवलपमेंट (C) इंटरनेशनल फोरम फॉर ऐग्रिकल्चर डेवलपमेंट (D) इंटरनेशनल फण्ड फॉर एडवांस्ड डेवलपमेंट

36) निम्न में से कौन सा किला "चीर का टीला' या हिल ऑफ इगल नामक पहाड़ी चोटी पर स्थित, आमेर के किले से 400 फीट की ऊंचाई पर अवस्थित है?

(A) आमेर किला (B) कुंभलगढ़ (C) जयगढ़ किला (D) रणथम्भोर

37) निम्नलिखित में किस नेता ने "स्वराज मेरा जन्म सिद्ध अधिकार है और मैं इसे लेकर रहूंगा' का नारा दिया था?

(A) बाल गंगाधर तिलक (B) दादाभाई नौरोजी (C) गोपाल कृष्ण गोखले (D) सुभाष चंद्र बोस

38) उस कंपनी को क्या कहा जाता है, जो एक मासिक शुल्क पर हजारों या यहां तक कि दस लाख लोगों को इंटरनेट से जोड़ने का सेवा प्रदान करते हैं?

(A) इंटरनेट सर्विस प्रोवाइडर (B) सिस्टम सर्विस इंजीनियर (C) नेटवर्क सर्विस इंजीनियर (D) केबल ऑपरेटर

39) निम्न में से कौन सा एक ऐसी स्थिति को दर्शाता है जिसमें अर्थव्यवस्था को मंदी से बाहर निकालने के लिए मूल्यों को जानबूझकर बढ़ाया जाता है?

(A) प्रत्यवस्फीति (B) अपस्फीति (C) अवस्फीति (D) मुद्रास्फीतिजनित मंदी

40) अभिव्यक्ति का मूल्यांकन करें : 2^3x4^2x8^2

(A) 8192 (B) 4096 (C) 2048 (D) 2197

41) 50,000 रु तक की शिल्पी समृद्धि योजना किसके द्वारा संचालित है?

(A) राष्ट्रीय पुनर्वास प्रशिक्षण और अनुसंधान संस्थान (B) राष्ट्रीय पिछड़ी जाति आयोग

(C) राष्ट्रीय सफाई कर्मचारी आयोग (D) राष्ट्रीय अनुसूचित जाति वित्त एवं विकास प्राधिकरण

42) निम्नलिखित में से किस सिंचाई एवं पेय जल आपूर्ति परियोजना को जयपुर, अजमेर, बेआवर, किशनगढ़, नशीराबाद और आसपास के अन्य गांवों को 81.8 हजार हैक्टेयर क्षेत्रफल में सिंचाई की सुविधा और पेयजल प्रदान करने के लिए टॉन्क जिले में बनास नदी पर बनाया गया है?

(A) माही परियोजना (B) नर्मदा परियोजना (C) इसरदा पेयजल एवं सिंचाई परियोजना (D) बिलासपुर परियोजना

43) विश्व का एकमात्र हिंदू तीर्थ क़ोनसा है, जहां ब्रह्मांड के निर्माता तथा पवित्र त्रिमूर्ति के एक भगवान, ब्रह्मा की पूजा की जाती है?

(A) ब्रह्मा मंदिर (B) गालता मंदिर (C) देलवाड़ा (D) बिरला मंदिर

44) क्षेत्रफल के आधार पर भारत का सबसे बड़ा राज्य कौन सा है?

(A) महाराष्ट्र (B) राजस्थान (C) मध्यप्रदेश (D) पंजाब

45) भारत के राजस्थान में, निम्न में से किसका उत्पादन सर्वाधिक होता है?

(A) मोटे अनाज (B) चावल (C) गेहूं (D) दालें

46) सर्वोच्च न्यायालय द्वारा अनुच्छेद 21 को पदच्छेदित किया गया है जो

(A) आपातकाल के दौरान अमान्य बनाया जा सकता है (B) विस्तारित नहीं किया जा सकता है

(C) केवल नागरिकों के लिए उपलब्ध है (D) स्वाभवैक और मूलक है, जिसे निलम्बित नहीं किया जा सकता है

47) दिल्ली से मुम्बई तक यात्रा करने में Pऔर Q को 3:4 के अनुपात में समय लगा। 3 घंटों में उनके द्वारा तय की गई दूरी का अनुपात क्या होगा?

(A) 4:5 (B) 2:3 (C) 6:7 (D) 4:3

48) निम्न में से किस किले को अंबर किला भी कहा जाता है?

(A) आमेर क़िला (B) रोहतगढ़ क़िला (C) जयगढ़ क़िला (D) नीमराना किला

49) निम्न में से कौन सा एक बानस नदी के तट पर बने चित्तौड़गढ़ के बाद दूसरा सबसे महत्वपूर्ण किला है?

(A) ग्वालियर किला (B) कुम्भलगढ़ किला (C) मेहरानगढ़ किला (D) जैसलमेर किला

50) निम्नलिखित में से कौन सा एक भारत के पश्चिमी तट का बंदरगाह है?

(A) कांडला (B) पारादीप(C) तूतीकोरिन (D) चेन्नई

51) निम्नांकित में से कौन सा/से स्प्रेडशीट प्रयोगों का उदाहरण हैं?

(A) स्प्रेडशीट एक कैल्कुलेटर जैसा कार्य करता है)

(B) स्प्रेडशीट का इस्तेमाल निजी निवेशों पर नजर रखने के लिए किया जाता है)

(C) स्प्रेडशीट का इस्तेमाल गणना करने, ग्राफ बनाने, विश्लेषण करने और सूचना भंडारित करने में किया जाता

(D) स्प्रेडशीट का इस्तेमाल वॉट-ईफ कैल्कुलेशन करने में किया जाता है

(A) सभी (B)केवल AB (C) केवल C (D) केवल B

52 MS एक्सेल सेल विभिन्न प्रकार के डेटा रख सकता हैं जैसे संख्याएं, मुद्राएं, तिथियां इत्यादि ।बताएं कि दिया गया कथन सही [T], गलत [F], कोई निष्कर्ष नहीं [N] या एक्सेल से संबंधित नहीं है [R] |

(A)R (B)F (C)N (D)T

53 निम्न में से कौन सा एक भारतीय केंद्रीय बजट की गैर योजना पूंजीगत व्यय का उदाहरण है?

(A) विदेशी सरकारों को अनुदान (B)ब्याज भुगतान (C) पेंशन (D) सार्वजनिक उद्यमों के लिए ऋण

54 उपग्रह कक्षाओं के संदर्भ में GTO शब्द का अर्थ है -

(A)जिओमेट्रिकल ट्रैकिंग ऑर्बिट(B)जिओथर्मल ट्रांसमिशन ऑर्बिट

(C)जिओस्टेबल ट्रॉपिक ऑर्बिट(D)जिओसिंक्रोनस ट्रांसफर ऑर्बिट

55 किसे कतारों में बांटा गया है, जिसमें हरेक कतार की बाईं ओर एक संख्या होती है और कॉलम में बांटा गया है, जहां हरेक कॉलम के सबसे ऊपर लेटर होता है?

(A) स्प्रेडशीट (B) प्रॉसेसर (C) डेटाबेस (D) कैल्कुलेटर

56 मनीष, सतीश और नितीश द्वारा तय की गई दूरी क्रमशः 80 कि.मी., 100 कि.मी., और 120 कि.मी. है। कितने समय में 20 कि.मी. की दौड में नितीश मनीष से आगे निकल जाएगा?

(A) 10 मिनट (B) 8 मिनट (C) 3 मिनट (D) 5 मिनट

57) वर्ष 1994 में दो स्टैंफोर्ड छात्र द्वारा आधुनिक दौर में बनाया पहला सर्च इंजन कौन सा है जिसके निर्माण के साथ ही वे अरबपति बन गए?

(A) आस्क (B) होट बोट (C) गूगल (D) याहू

58) HRD अपने साथ सामाजिक स्तर पर आर्थिक विकास फायदों की क्षमता भी रखता है। साहित्य आर्थिक विकास के छह कारणों का सुझाव देता है। निम्नलिखित में से कौन आर्थिक विकास का कारण नहीं है?

(A) विदेशी व्यापार (B) भूमि एवं पूंजी (C) प्रौद्योगिकीय अंतरण (D) संसाधन आबंटन

59) निम्नलिखित में से कौन सा एक भारत की सबसे पुरानी कार्यरत तटवर्ती रीफाइनरी है?

(A) भटिंडा (B) मुंबई (C) दिग्बोई (D) विशाखापत्तनम

60 भारत का कौन सा राष्ट्रीय उद्यान, एक प्राचीन विश्व बंदर, लॉयन-टेल्ड मकॉक का संरक्षण करता है?

(A) रणथमभोर राष्ट्रीय उद्यान (B) बनरघट्टा राष्ट्रीय उद्यान (C) काजीरंगा राष्ट्रीय उद्यान (D) साइलेंट वैली राष्ट्रीय उद्यान

61 निम्नलिखित में से कौन सा प्राकृतिक विश्व विरासत स्थल असम में अवस्थित है?

(A) मानस वन्यजीव अभयारण्य (B) नंदा देवी राष्ट्रीय उद्यान और फूलों की घाटी

(C) ग्रेट हिमालय राष्ट्रीय उद्यान (D) केवलादेव घाना राष्ट्रीय उद्यान

62कृषि आधारित उद्योगों के विकास के लिए राज्य सरकार की एक एजेंसी, राजस्थान राज्य

औद्योगिक और निवेश निगम (RIICO)द्वारा कितने एग्रो फूड पार्क विकसित किए गए हैं?

(A) 4 (B) 9 (C) 7 (D) 2

63 निम्न में से किस राजा के शासनकाल में चीनी यात्री ह्वेन सांग ने भारत की यात्रा की थी?

(A) हर्षवर्धन (B) राज्यवर्धन || (C) चंद्रगुप्त || (D) कुमारगुप्त

64 एक धनात्मक वास्तविक संख्या P दी गई है। इसका वर्ग किया जाता है। परिणाम को पुनः वर्ग किया जाता है। फिर परिणाम को घन किया जाता है। तत्पश्चात, इस संख्या का पंचम मूल निकाला जाता है। अंतिम परिणाम एक प्राकृतिक संख्या है। P का संभावित मान क्या हो सकता है

(A) 64 (B) 32 (C) 256(D) 16

65 निम्नलिखित में से कौन मुगलवंश का अंतिम शक्तिशाली शासक था?

(A) बहादुरशाह जफर (B) शाहजहां (C) अकबर (D) ओरंगजेब

66) निम्नलिखित में से कौन वर्ष 1985 में पारले ऐग्रो का पहला उत्पाद था और भारत का सबसे अधिक बिकने वाला मैंगो ड्रिंक बना?

(A) स्लाइस (B) फ्रूटी (C) माजा (D) सिट्रा

67) ग्रे बेराइट्स का दुनिया का सबसे बड़ा एकल रिजर्व किस स्थान पर पाया गया है?

(A) पश्चिमी गोदावरी (B) नेल्लोर (C) कडप्पा (D) खम्माम

68 राजस्थान राज्य में लघु उद्योगों की आवश्यकताओं की पूर्ति के लिए कितने जिला उद्योग उप-केंद्रों की स्थापना की गई है?

(A) 7 (B) 5 (C) 8 (D) 6

69 राष्ट्रीय सफाई कर्मचारी आयोग अधिनियम, 1993 के तहत सफाई कर्मचारियों के लिए राष्ट्रीय आयोग का गठन सबसे पहले कब किया गया था?

(A) जून, 1999 (B) अगस्त, 1994 (C) जुलाई, 1998 (D) अप्रैल, 1997

70 भारत का प्रथम भूस्थिर प्रायोगिक संचार उपग्रह किसका परिवर्णी शब्द है?

(A) अरियन पैसेन्जर पेलोड एक्सपेरिमेंट (B) अल्टरनेटिव पाथ फॉर प्रोगेस ऑफ लर्निंग एक्सपीरियन्स

(C) अडवान्सड पैसिव प्रॉस्पेक्टस लांच इंजन (D) एयर पोल्युशन प्रिवेन्शन लांच एनडीवर

71) उस जनरल का नाम बताएं जिसका संपादन देवेंद्र नाथ टैगोर की पुत्री, स्वर्णकुमारी देवी ने किया था।

(A) अमृत बासार पत्रिका (B) भारती (C) संवाद कौमुदी (D) मराठा

72) RIICO द्वारा कितने स्थानों पर जैव प्रौद्योगिकी पार्क स्थापित किए गए

(A)2 (B)3 (C)4 (D) 1

73 दक्षिण पश्चिम में राजस्थान किस राज्य से सीमांकित है?

(A) मध्य प्रदेश (B) हरियाणा (C) गुजरात (D) कर्नाटक

74) यदि एक फॉर्मूला में एक से अधिक ऑपरेटरों का इस्तेमाल किया जाता है, एक खास ऑर्डर होता है जिसका इन गणितीय ऑपरेशनों को पूरा करने के लिए एक्सेल पालन करेगा। निम्नांकित को ऑपरेटर की पूर्ववर्तिता के आधार पर क्रम में रखिए।

(A) एक्सपोनेंट्स (B) डिविजन (C) अडिशन (D) सब्ट्रैक्शन e) मल्टिप्लिकेशन f) ब्रैकेट्स

(A)f,e,d,c,b,a (B)f,a,b,e,c,d, (C)a,b,c,d,e,f (D)f,a,e,b,d,c

75) राजस्थान राज्य हथकरघा विकास निगम का गठन किस वर्ष किया गया था?

(A) 1974 (B) 2001 (C) 1990 (D) 1984

76) साल 2022 में किस राज्य में 'बोनालू मोहोत्सव' शुरू हुआ है?

(A) तेलंगाना (B) आँध्रप्रदेश (C) मिज़ोरम (D) आसम

77) निम्न में से कौन सी एक बाइमेड क्षेत्र में टीलों पर पाई जाने वाली प्रमुख झाड़ी है?

(A) कॉलिगोनम पोलीगोनॉयइस (B) कैलोट्रोपिस प्रोसेरा (C) जिजिफस रोटुडिफोलिया (D) सैलवाडोरा पर्सिका

78) निम्न में से कौन सा स्थान भगवान गौतम बुद्ध के जन्म के पश्चात प्रसिद्ध हुआ था?

(A) लुंबिनी (B) मगध (C) वैशाली (D) गया

79) सर्वोच्च न्यायालय का पुनर्विचार संबंधी न्यायाधिकार क्या है?

(A) केवल पर्यावरणीय मुद्दों से निपटने के लिए (B) केवल रिच न्यायाधिकार में न्याय के लिए है

(C) केवल संवैधानिक मामलों में उपलब्ध है (D) कानून के संबंध में है

80 भारत में मुफ्त और निष्पक्ष चुनावों को किस निकाय द्वारा सुनिश्चित किया जाता है?

(A) राजनीतिक दल (B) सर्वोच्च न्यायालय (C) योजना आयोग (D) चुनाव आयोग

81 निम्न में से किस योजना का मुख्य उद्देश्य विकलांकता के प्रभाव को कम करके और विकलांग व्यक्तियों की आर्थिक क्षमता को बढ़ाकर उनके शारीरिक, सामाजिक एवं मनोवैज्ञानिक पुनर्वास को बढ़ाने वाले टिकाऊ, परिष्कृत और वैज्ञानि रूप से निर्मित आधुनिक, मानक साधन एवं उपकरणों की खरीद में जरूरतमंद विकलांग व्यक्तियों की सहायता करना है?

(A) विश्वास योजना (B) पालनहार योजना

(C) विकलांग व्यक्तियों के लिए मोबाइल कियोस्क योजना (D) खरीद योजना के लिए विकलांग व्यक्तियों को सहायता

82 निम्नलिखित में से किस वंश ने महाबलीपुरम में एक गुफा मंदिर बनवाया था?

(A) पाल (B) पल्लव (C) चालुक्य (D) चोल

83 राजस्थान की सबसे आम स्थानीय भाषा क्या है?

(A) हिंदी (B) हराउती (C) धुंधारी (D) मारवाड़ी

84 लार्सन ऐंड टूब्रो की एक अनुषंगी कंपनी, L& T कंस्ट्रक्शन ने सौर ऊर्जा परियोजना आरंभ की है। अप्रैल 2012 में, L&T ने रिलायंस पावर के स्वामित्व द्वारा भारत के सबसे बड़े सोलर फोटोवोल्टिक पावर प्लांट (40MWp) की शुरुआत की है। यह संयंत्र कहां स्थित है?

(A) बारमेड़ (B) जैसलमेर (C) चुरू (D) बीकानेर

85 निम्नलिखित में से किसे राष्ट्रीय राजमार्ग सं. 1 के नाम से जाना जाता है?

(A)श्रीनगर- कारगिल लेह (B)बटोटे- डोडा- किशतवाड़ सिमथान पास- खानबाल

(C)दिल्ली- अंबाला जालंधर- अमृतसर- भारत-पाक सीमा (D)जालंधर- माधोपुर- जम्मू- बनिहाल- श्रीनगरबारामूला- उरी

86 भारतीय वायु सेना में निम्नलिखित में से कौन सा लडाकू विमान है

(A) mi 8 (B) mig 21 (C) चेतक (D) एवरो

87 राज्स में बागबानी उत्पादन के बारे में निम्नलिखित कथन में से कौन सा कथन सत्य है?

(A) राजस्थान की कुल बागबानी उत्पादन का 70 प्रतिशत से अधिक फलों के उत्पादन से बनता है

(B) देश की कुल बागबानी उत्पादन में राजस्थान 5 प्रतिशत से भी कम योगदान देता है

(C) देश की कुल बागबानी उत्पादन में राजस्थान 20 प्रतिशत से अधिक का योगदान देता है

(D) राजस्थान का प्रमुख बागबानी उत्पादन फलों से आता है

88 गंग नहर किस परियोजना का हिस्सा है?

(A) चम्बल घाटी परियोजना (B) सतलुज घाटी परियोजना (C) सरदार सरोवर परियोजना (D) भाखरा नंगल परियोजना

89 कौन सा स्थान राजस्थान का एक महत्वपूर्ण सूफी केंद्र है

(A) टोंक (B) सवाई माधोपुर (C) मुल्तान (D) नागौर

90 नीति विश्लेषण किसके अध्ययन की विषयवस्तु है?

(A) सार्वजनिक प्रशासन (B) समाजशास्त्र (C) अर्थशास्त्र (D) राजनीति

91) भारत के किस राज्य में लैटेराइट मिट्टी नहीं पाई जाती है?

(A) उड़ीसा (B) केरल (C) जम्मू और कश्मीर (D) तमिलनाडु

92 निम्नलिखित में से किस योजना का लक्ष्य पांच राज्यों में से 50% sc आबादी वाले 1000 चयनित गांवो के समग्र विकास को "आदर्श गांवो' में सुनिश्चित करना है?

(A) इंदिरा आवास योजना (B) नारी आर्थिक सशक्तिकरण योजना

(C) महिला किसान योजना (D) प्रधानमंत्री आदर्श ग्राम योजना

93 SMTP की EHELLO किसे संदर्भित करती है?

(A)यह मेल के प्राप्तकर्ता को पहचानती है(B)यह इंगित करता हैकि प्रेषक सर्वर विस्तारित प्रोटोकॉल का उपयोग करना चाहता है

(C)यह इंगित करता है कि प्रेषक सर्वर इलेक्ट्रॉनिक प्रोटोकॉल का उपयोग करना चाहता है(D)यह कमांड रांभाषण शुरू करताहै

94 राजस्थान राज्य सरकार द्वारा आईटी साक्षरता और आईटी सेवाओं को बढ़ावा देने के लिए किस संगठन की स्थापना की गई है?

(A) राजस्थान इलेक्ट्रॉनिक्स एंड इंस्ट्रूमेंट लिमिटेड (B) राजस्थान नॉलेज कॉरपोरेशन लिमिटेड (C) जेनपैक्ट (D) इंफोसिस

95 बताएं कि निम्न में से कौन सा कथन सही या गलत है।

1) 300 kva और उससे कम कनेक्टड लोड पर नई औद्योगिक इकाइयों को व्यवहार्य सीमा तक बिजली के कटौती से छूट दी जाती है।

2)100% eous एक्सपोर्ट ओरिएंटेड यूनिट को,जिसका निवेश 10 करोड़ से अधिक है बिजली कटौती से 100% मुक्त रखा जाताहै

(A) 1-गलत 2-सही (B) 1-सही 2-गलत (C) 1-गलत 2-गलत (D) 1-सही 2-सही

96 कायक खिलाड़ी रेने होल्टेन पॉल्सन किस देश से संबंधित है?

(A) ग्रेट ब्रिटेन (B) डेनमार्क (C) इटली (D) नॉर्वे

97 अजान लोअर मीडियम इरिगेशन प्रॉजेक्ट द्वारा किस जिले को लाभ प्राप्त होता है

(A) भीलवाड़ा (B) भरतपुर (C) बांसवाड़ा (D) बाँरा

98) उस प्रक्रिया का नाम बताएं जिसके उद्घोष स्थापना का प्रभाव सदन के समक्ष कार्यवाही का निलंबन होता है?

(A) कैलेंडर ऑफ सीटिंग (B) ए प्वाइंट ऑफ आर्डर (C) नेमिंग ए मेंबर (D) रोल ऑफ मेंबर

99) A तथा B दो वास्तविक संख्याएं है, जहां A :B = 3:5 है। $243^A/27^B$ का मान क्या होगा?

(A) 3. (B) 27. (C) 0. (D) 1

100 पंचायती राज पर निम्नलिखित समितियों सूचि 1 और उनके स्थापन वषा सूची 2 को समेकित करें -

सूचि 1 सूचि 2

1) बलवंत राय मेहता (A -1960

2) कृष्णामचारी (B -1977

3) तख्तमल जैन स्टडी ग्रुप (C -1957

4) अशोक मेहता समिति (D -1966

(A) 1-(C,2-(A,3-(D,4-(B. (B) 1(B-,2-(C,3-(D,4- (A

(C) 1-(A,2-(B,3-(C,4- (D. (D) 1-(D,2-(C,3-(B,4-(A

101) जोल्पा गांव राजस्थान के किस जिले में स्थित है, जहां लोगों ने 800 अनोखे प्राचीन वास्तुकला वाले ऐतिहासिक मंदिरों के संरक्षण के लिए पैसे एकत्र किए थे?

(A) श्री गंगानगर (B) झालवाड़ (C) बांसवारा (D) धोलपुर

102) एलबेडो प्रभाव की परिभाषा निम्न में से कौन सी है?

(A) तापमान में वृद्धि के कारण समुद्र के पानी का औसत वाष्पीकरण

(B) ग्रीन हाउस गैसों के कारण होने वाले प्रभाव से पृथ्वी की सतह के तापमान में वृद्धि

(C) औद्योगिक क्रांति के बाद से सौर विकिरण की वजह से भूमण्डलीय तापक्रम वृद्धि

(D) एक सतह से प्रतिबिंबित सूरज की आने वाली विकिरण का प्रतिशत

103) वर्ष 2009 में विंडोज विस्टा और विंडोज़ 7 के लिए माइक्रोसॉफ्ट द्वारा जारी फ्री एंटीवाइरस निम्नलिखित में से कौन-सा है?

(A) कैस्पस्की (B) AVAST (C) सेक्यूरिटी एसेन्शियल्स (D) AVG

104) किसे प्रसिद्ध IT कंपनी विप्रो के मुख्य कार्यकारी अधिकारी के रूप में नियुक्त किया गया है?

(A) T.K. कुरियन (B) विवेक पोल (C) थिएरी डेलापोर्टे (D) अबिद अली नीमूचवाला

105) 2021-22 में भारतीय GDP की विकास दर कितनी थी?

(A) 6.9. (B) 5.8 (C) 8.7 (D) 7.2

106) राजीव गांधी ग्रामीण ओलंपिक खेलों का शुभारम्भ कब हुआ था।

(A) 29 अगस्त 2022. (B) 2 अक्टुम्बर 2022. (C) 24 मई 2022. (D) 1 मार्च 2022

107) निम्न में से कौन सा विकल्प महारानी विक्टोरिया की उदघोषणा के लिए सही है?

(A)1 नवंबर, 1857 (B)1 नवंबर, 1860 (C)1 नवंबर, 1858 (D)1 नवंबर, 1859

108) MS वर्ड में "अनडू लास्ट एक्शन" के लिए निम्नलिखित में से कौन-सा शार्टकट है?

(A)CTRL+W (B) CTRL+U (C) CTRL+Z (D) CTRL+C

109) Fill in the Blank with Correct form of

verb: It All...... so long Ago that it's just A Blur to me now.

(A) have happened (B) happens (C) happened (D) has happened

110) Identify the Correct sentence in Indirect Speech: She said, "I Am scared of horror movies.

(A) She said that she was scared of horror movies.(B) She said that horror movies scares her.

(C) She said I'm scared of horror movies.(D) She said that she is scared of horror movies.

111)डूँगरपुर राज्य में गुहिल राजवंश का संस्थापक कौन था?

(A) आसकरण (B) सेसमल (C) सामन्तसिंह (D) उदय सिंह

112)वृहत राजस्थान का प्रधानमंत्री कौन था ?

(A) गोकुल भाई भटट (B) जयनारायण व्यास (C) हीरालाल शास्त्री (D) माणिक्य लाल वर्मा

113)चरणोत क्या था ?

(A) भूमि के क्रय पर देय लाग (B) निर्यात / आयात कर (C) विशिष्ट योद्धा का पुरस्कार (D) पशु चराई कर

114)राजस्थान में सदाबहार वन पाए जाते है—

(A) उदयपुर में (B) माउन्ट आबू (C) कोटा में (D) अजमेर में

115)जवाई बाँध स्थित है—

(A) भीलवाड़ा (B) कोटा (C) पाली (D) जयपुर

116)राजस्थान के कपास उत्पादक दो प्रमुख जिले हैं?

(A) अलवर और भरतपुर (B) नागौर व् उदयपुर(C) श्रीगंगानगर और हनुमानगढ़ (D) कोटा और बूंदी

117)राजस्थान में क्षेत्रफल के आधार पर सिंचाई के साधनों में दूसरा स्थान किसका है?

(A) नहरों का(B) कुओं व नलकूपों का(C) तालाबों का (D) नदियों का

118)निम्नलिखित में से कौनसा वृक्ष बीड़ी बनाने में काम आता है?

(A) तेंदु (B) बाँस (C) खस (D) नीम

119) राष्ट्रीय महिला आयोग के बारे में निम्नलिखित कथनों पर ध्यान दीजिए:-

1- यह भारतीय संविधान के शासनादेश के आधार पर तैयार हुआ था।

2- यह भारतीय संसद में अधिनियम द्वारा तैयार हुआ था।

3- इसका अध्यक्ष भारत के राष्ट्रपति द्वारा नामांकित किया जाता है।

इसमें कौन सा/ से कथन सत्य हैं?

(A] केवल 1(B] केवल 1 और 2(C] केवल 2(D] 1, 2और3

120) निम्नलिखित में किसके द्वारा पेश किया गया विधेयक सरकारी विधेयक है?

(A] सत्तारूढ़ दल/ गठबंधन के सदस्य द्वारा (B] मंत्री(C] विपक्ष के सदस्य द्वारा(D] 1 और 2

121) निम्नलिखित में कौन से न्यायाधीश PIL लागू करने के लिए जाने जाते हैं?

(A] जस्टिस आर एन मिश्रा(B] जस्टिस पी एन भगवती(C] जस्टिस वेंकटस्वामी(D] जस्टिस मिर्ज़ा हमीदुल्लाह बेग

122)आर्थिक विकास की व्याख्या के विभिन्न आधार कौन-कौन हैं ?

(A) सकल राष्ट्रिय उत्पाद (B) प्रतिव्यक्ति आय (C) आर्थिक कल्याण का आधार (D) इनमें से सभी

123)11 जून, 1665 ई० की मुगल (औरंगजेब)-मराठा (शिवाजी) संधि किसके प्रयास से संभव हुई ?

(A) सवाई जय सिंह (B) मिर्जा राजा जय सिंह (C) भगवान दास (D) इनमें से कोई नहीं

124)भौगोलिक दशाओं के आधार पर राजस्थान को कितने भागों में बांटा जा सकता है ?

(A) 3 (B) 4 (C) 5 (D) 7

125)छप्पन बेसिन किस जिले में है ?

(A) अलवर (B) बाँसवाड़ा (C) पाली (D) भाकर

126)पश्चिमी मरुस्थल राजस्थान के लगभग कितने क्षेत्र को घेरे है, वह है ?

(A) 60% से अधिक (B) 30% से कम (C) 40% (D) 50%

127)ओलम्पिक में कोई पदक (व्यक्तिगत स्पर्धा) जीतने वाला राजस्थान का प्रथम खिलाड़ी है ?

(A) राज्यवर्द्धन सिंह राठौर (B) हनुमंत सिंह (C) लिम्बा राम (D) किशन सिंह

128)उदय सिंह ने उदयपुर नगर की स्थापना की थी ?

(A) 1554 ई. (B) 1559 ई. (C) 1577 ई. (D) 1579 ई.

129)राजस्थान स्वायत शासन संस्था कब स्थापित की गई थी ?

(A) 1947 ई. (B) 1951 ई. (C) 1955 ई. (D) 1959 ई.

130) "हाड़ौती बोली" राजस्थान के किस जिले में नहीं बोली जाती ?

(A) बारां (B) कोटा (C) झालावाड़ (D) टोंक

131)राजस्थान मे स्थित चाकसू में शीतला माता का मेला कब भरता हैं ?

(A) वैशाख पूर्णिमा (B) वैशाख शुक्ला 3 (C) चैत्र शुक्ला 2 (D) चैत्र कृष्ण 8

132)राजस्थान में कागज पर जो चित्र उकेरे जाते उसे क्या कहा जाता हैं ?

(A) मांडणा (B) फड़ (C) सांझी (D) पाना

133) नीचे दिए गए कम में आगे कौन सा अक्षर आएगा-- Z, X, U, Q, L, ?

(A) M (B) O (C)F (D) N

134) साधारण ब्याज दर पर 6 वर्ष में किसी राशि में 60% वृद्धि हो जाती है। उसी दर पर 3 वर्ष के बाद 12,000रु का चक्रवृद्धि ब्याज कितना होगा?

(A) 2160रु (B) 3120रु (C) 3972रु (D) 6240रु

135) दुधवा खारा आंदोलन के हनुमान सिंह बुदानिया किस रियासत की पुलिस सेवा में भर्ती थे?

(A) जैसलमेर (B) बीकानेर (C) बूंदी (D) कोटा

136) निम्नलिखित में से कौन से कम्प्यूटर के मान्य प्रकार हैं?

1 डेस्कटॉप कम्प्यूटर...2 लैपटॉप और नेटबुक....3 स्मार्टफोन्स....4 हैंडहेल्ड कम्प्यूटर्स.....5 टेबलेट

(A) सभी (B) केवल 1,3,4,5 (C) केवल 1,4,5 (D) केवल 3,1,5

137) कन्हैयालाल सेठिया की किस राजस्थानी कविता को दुनिया भर में राजस्थान के स्तुति गान के रूप में मान्यता प्राप्त है?

(A) धरती धोरन री (B) धारा कुंचम धारा मजलम (C) कुन जमीन रो धनी (D) '' पथल 'आर' पिथल

138) एक वास्तविक संख्या का वर्ग किया गया और उसमे 4 जोड़ दिया गया। फिर, परिणाम के रूप में 64 प्राप्त करने के लिए संख्या को पुनः वर्ग किया गया। का मान क्या है?

(A) 0 (B) 7 (C) 2 (D) 12

139) एक्सल में एक नए वर्कशीट को जोड़ने के लिए लघु रीति क्या होता है?

(A) Shift + TAB (B) Shift + F9 (C) Shift + F11 (D) Shift + F7

140) किस राजा के शासनकाल में, चीनी यात्री युनसांग भारत आया था?

(A) हर्षवर्धन (B) समुद्रगुप्त (C) कुमार गुप्त (D) राज्यवर्धन

141) निम्न में से कौन सी एक राज्य डेटा सेंटर राज्य वाइड एरिया नेटवर्क , कॉमन सर्विस सेंटर डेलिवरी गेटवे तथा अन्य मिशन मोड कार्यक्रमों डडच्द्ध सहित राष्ट्रीय ई-गवर्नेस प्लान के तहत आने वाली परियोजनाओं को लागू करने वाली राज्य प्राधिकृत अभिकरण है?

(A) राजस्थान नॉलेज कॉरपोरेशन लिमिटेड (B) राजकॉम्प इंफो सर्विसेज लिमिटेड

(C) राजस्थान इलेक्ट्रॉनिक्स एंड इंस्ट्रूमेंट्स लिमिटेड (D) ग्रामीण इलेक्ट्रिफिकेशन कॉरपोरेशन लिमिटेड

142) किस देश में राष्ट्रीय पार्कों को रा रा, रॉयल बारडिया और रॉयल चट्वान कहा जाता है?

(A) पाकिस्तान (B) बांग्ला देश (C) नेपाल (D) भारत

143) भारत में वर्ष 1975 की "आपातकाल स्थिति के बाद, कुछ अन्य सावधानियों के साथ कौन सी सावधानी बरती गई थी?

(A) आपातकाल की घोषणा को निश्चित बहुमत के साथ संसद के प्रत्येक सदन द्वारा पारित किया जाता है

(B) न्यायिक समीक्षा आपातकाल की धोषणा पर उपलब्ध नहीं होती है

(C) राष्ट्रपति घोषणा को वापस नहीं ले सकता है(D) आपातकाल के लिए आंतरिक अशांति एक आधार हो सकती है

144) राजस्थान के किस जिले में कच्चे तेल का बड़ा भंडार है?

(A) बाड़मेड़ (B) बूंदी (C) पाली (D) बीकानेर

145) राष्ट्रीय अंतर्देशीय नौवहन संस्थान नेशनल इनलैंड नेविगेशन इंस्टिट्यूट कहां अवस्थित है?

(A) कोलकाता (B) मुंबई (C) विशाखापत्तनम (D) पटना

146) संचाई में निवेश की संसृति को क्षेत्र स्तर पर हासिल करना, सुनिश्चित सिंचाई योजना हर खेत को पानी के तहत कृषि योग्य भूमि के क्षेत्रफल में वृद्धि करना, पानी की क्षति को कम करने के लिए खेत में पानी के उपयोग की दक्षता में सुधार करना, सटीक सिंचाई को अपनाने पर बल देना तथा जल संरक्षण की अन्य युक्तियों को अपनाना हर बूंद पर अधिक फसल के मुख्य उद्देश्य हैं। किसे निरूपित करता है?

(A)प्रधानमंत्री खेत सिंचाई योजना (B)प्रधानमंत्री कृषि सिंचाई योजना

(C)प्रधानमंत्री खेत सींचो योजना (D) प्रधानमंत्री खरीफ सिंचाई योजना

147) अतिसूक्ष्म प्रौद्योगिकी में, वह प्रक्रिया जिसमें उपकरण जिसका व्यास nm क्रम में, परमाण्विक स्केल का है, स्वयं की प्रतिकृति करते हैं, वे किस नाम से जाना जाता है?

(A) सेल्फ-रिप्रोडक्शन (B) रीबिल्डिंग (C) मल्टिपल मॉलिक्युल ट्रांसफॉर्मेशन (D) सेल्फ-रेप्लिकेशन

148) लघु का विपरीतार्थी इनमें से क्या होगा?

(A) विस्तार (B) बड़ा (C) गुरु (D) विशाल

149) निम्नलिखित में से कौन सा प्रत्यय समूह तद्धित है

(A) इत -- एय -- मय -- त्व (B) हार -- हारा -- सार -- ऐया

(C) की -- आऊ -- वैया -- आलू (D) आवना -- आवनी -- आवट - आहट

150) कनाडा में प्रमुख औद्योगिक क्षेत्र है

(A) अल्बर्टा (B) ओंटारियो (C) नुनावुट (D) विनीपेग

उत्तर माला

1.C 2.D 3.C 4.C 5.A 6.D 7.B 8.C 9.A 10.C 11.D 12.B 13.A 14.A 15.C 16.A 17.D 18.A 19.C 20.B 21.B 22.A 23.A 24.C 25.C 26.A 27.C 28.A 29.C 30.A 31.A 32.C 33.C 34.D 35.B 36.C 37.A 38.A 39.A 40. A41.D 42.D 43.A 44.B 45.A 46.D 47.D 48.A 49.B 50.A 51.A 52.D 53.D 54.D 55.A 56.D 57.D 58.B 59.C 60.D 61.A 62.A 63.A 64.B 65.D 66.B 67.C 68.A 69.B 70.A 71.B 72.A 73.C 74.B 75.D 76.A 77.A 78.A 79.C 80.D 81.D 82.B 83.D 84.B 85.C 86.B 87 .B 88.B 89.D 90.A 91.C 92.D 93.B 94.B 95.D 96.B 97.B 98.B 99.D 100.A 101.B 102.D 103.C 104.C 105.C 106.A 107.C 108.C 109. C110.A 111.D 112.C 113.D 114.B 115.C 116.C 117. A118.A 119. C120. B121.B 122.D 123.B 124.B 125. B126.A 127.A 128.B 129.C 130.D 131.D 132.D 133.C 134.C 135.B 136.A 137.A 138.C 139.C 140.A 141.B 142. C143.A 144.A 145.D 146.B 147.D 148.C 149.A 150.B

4

मॉडल पेपर

1. उत्तर गुप्त युग में जो विश्वविध्यालय प्रसिद्ध हो गया था......

(A) कांची(B) तक्षशिला(C) नालंदा(D) वल्लभी

2. निम्नलिखित में से कौन सा एक कथन गुरु जंभेश्वर के बारे में 'सही' है?

(A) उनका जन्म राजस्थान के नीमराना में हुआ था

(B) जंभोजी ने पूरे देश का भ्रमण किया और उपदेश के रूप में 100 शब्द कहे थे ।

(C) उन्होंने सिख पंथ के कर्मकांड और आडंबरों के खिलाफ आवाज उठाई थी

(D) गुरु जंभेश्वर द्वारा स्थापित बिश्नोई संप्रदाय में 29 आज्ञाओं का पालन किया जाता है

3. निम्नलिखित में से किसे मानव विकास के महत्वपूर्ण आयामों में औसत उपलब्धि के सार मापदण्डः लंबा एवं स्वस्थ जीवन, जानकार रहना और जीने का एक सभ्य मानक के रूप परिभाषित किया गया है?

(A) मानव पूंजी सूचकांक (B) मानव विकास सूचकांक (C) मानव लेखा परीक्षक सूचकांक (D) मानव संसाधन सूचकांक

4. निम्न में से कौन सा एक माता पिता द्वारा बाल विवाह को चुनने का एक कारण नहीं है?

(A) बाल विवाह दुल्हन की शुद्धता सुनिश्चित करने का एक रास्ता है

(B) बड़ी उम्र की लड़कियों के लिए उच्च दहेज देने से बचाती है

(C) बच्चे में सामाजिक जिम्मेदारी बढ़ाता है

(D) माता-पिता इसे सामाजिक और आर्थिक रूप से लड़की का भविष्य सुरक्षित करने के मार्ग के रूप में देखते हैं

5.भारतीय नेपोलियन की उपाधि कि से दी गई हैं?

(A) चन्द्रगुप्तमौर्य(B) समुद्रगुप्त(C) चन्द्रगुप्तप्रथम(D) हर्षवर्धन

6. 1976 में, 42वें संशोधन ने भारतीय संविधान की प्रस्तावना में किन दो शब्दों को जोड़ा था?

(A) समाजवादी और धर्मनिरपेक्ष (B) संप्रभु और लोकतांत्रिक (C) संप्रभु और साम्यवादी (D) लोकतांत्रिक और गणराज्य

7. निम्नलिखित में से कौन सी उद्योग गतिविधि मृदा प्रदूषण में मुख्य योगदान करती है?

(A) सॉफ्टवेयर (B) भारी मशीनरी (C) एयरक्राफ्ट (D) इलेक्टोप्लेटिंग

8. आयुर्वेद के वैध चिकित्साका भगवान्कि से मानते हैं?

(A) सुश्रुत (B) च्यवन (C) धन्वन्तरी (D) चरक

9. दिल्ली सल्तनत में दिल्ली के राजसिंहावन को सुशोभित करने वाली प्रथम और एकमात्र मुस्लिम महिला रजिया बेगम के पिता कौन थे?

(A) इल्तुतमिश (B) नसिरूद्दीन महमूद (C) कुतुबुद्दीन एबक (D) बलबन

10. निम्न में से कौन सा एक नीति आयोग के कार्य के संबंध में गलत है?

(A) पूर्णकालिक सदस्य–बिबेक देबरॉय (B) वाइस चेयरपर्सन - श्री अरविंद पनगढ़िया

(C) पदेन सदस्य – राजनाथ सिंह (D) सभी गलत

11. नर + इन्द्र = ?

(A) नरीन्द्र (B) नरेन्द्र (C) नरिन्द्र (D) नरन्द्र

12. निम्नलिखित में से कौन सा शब्द विसर्ग सन्धि का उदाहरण है ?

(A) निश्छल (B) स्वच्छंद (C) उल्लेख (D) उद्धत

13. इनमें से किस शब्द की वर्तनी अशुद्ध है ?

(A) गृहस्थी (B) प्रणेता (C) प्रभु (D) द्वारिका

14. रामन्वय का सन्धिविच्छेद इनमें से क्या है ?

(A) सम + अन + वय (B) सम् + अनु + अय (C) सम् + अनु + य (D) सम् + अन्वय

15. इनमें से शुद्ध वर्तनी का चयन करें।

(A) तथ्य (B) तथ (C) तत्त (D) तथय

16. कृतज्ञ का विपरीतार्थक इनमें से क्या है ?

(A) विघ्न (B) सकृतज्ञ (C) अज्ञ (D) कृतघ्न

17. इनमें से कौन सा विकल्प कर्तृवाच्य का उदाहरण है

(A) मैं बाजार जा रहा हूँ। (B) मुझसे नहाया नहीं जाता।

(C) चलो चला जाए। (D) मुझसे पढ़ा जाता है।

18. इनमें शुद्ध वर्तनी वाला शब्द कौन सा है ?

(A) आसीर्वाद (B) आशीर्वाद (C) आर्शीवाद (D) आसीरवाद

19. वर्ष 1980 में प्रक्षेपित किया गया भारत का प्रथम स्वदेशी सॅटेलाइट लांच वेहिकल है -

(A)SLV-3 (B) ASLV (C) PLSV-D3 (D) GSLV

20. निम्न में से किस युद्ध ने युद्ध और विजय की नीति को त्यागने के लिए सम्राट अशोक का हृदय परिवर्तित किया था?

(A.) बक्सर की लड़ाई (B). करनाटिक युद्ध (C.) कलिंग युद्ध (D.) पलासी युद्ध

21. राज्यसभा में, ड्रॉ ऑफ लॉट के माध्यम से एक से अधिक सूचना के परस्पर प्राथमिकता को निर्धारित करने की प्रक्रिया को क्या नाम दिया गया है?

(A) ड्रॉ ऑफ लॉट (B) डिविजन (C) मतदान (D) बुलेटिन

22. मनीष ने रमेश को 3000रु में एक गिटार बेचा। पांच दिन बाद, रमेश को एहसास हुआ कि वह गिटार नहीं सीख सकता है। इसलिए, उसने मनीष को 2600रु में गिटार वापस कर दिया। मनीष जानता था कि रमेश गिटार वापस बेचने के लिए उत्सुक है, अतः उसने रमेश को भुगतान करते समय 500रु का नकली नोट दे दिया। रमेष को कुल कितनी हानि हुई?

(A) 30% (B) 36% (C) 25% (D) 20%

23. किसने घोषणा की थी कि 15 अक्टूबर, डॉ . कलाम के जन्मदिन को युव रिवाइवल दिवस के रूप में मनाया जाएगा?

(A) नरेन्द्र मोदी (B) सोनिया गांधी (C) सुषमा स्वराज (D) जयललिता

24. डॉलर साइन ($) को सेल एड्रेस में दर्ज करने पर क्या होता है? उदाहरणः . $(B$2:$(B$10

(A) शीट टैब बदल जाता है (B) एक पूर्ण सेल एड्रेस बन जाता है (C) स्टेटस बार सेल एड्रेस प्रदर्शित नहीं करता है (D) इसे अन्य सेल में कॉपी करने पर सेल एड्रेस बदल जाएगा

25. मुख्य मंत्री श्रीमती वसुंधरा राजे ने देश में किस प्रयास की शुरुआत की जो सुचित मूल्य की दुकानों में दैनिक उपभोग के मल्टी-ब्रांड उत्पाद मुहैया करने की सार्वजनिक निजी साझेदारी योजना पर आधारित

(A) मुख्य मंत्री अन्न सुरक्षा योजना (B) अंत्योदय अन्न योजना (C) भंडार योजना (D) देख-रेख योजना

26) Fill in the blank with correct form of

verb: She always......when she speaks in public.

(A) blushes (B) is blushing (C) blushed (D) blush

27) Select the correct Interrogative sentence: Get out of here.

(A) Will you get out of here, will you? (B) Get out of here or not, will you?

(C) You get out of here or not? (D) Will you get out of here or not?

28) Choose the correct suffix : Manage

(A) tion (B) able (C) ism (D) ty

29) Choose the one-word substitute:

A decorative chain made of coloured paper or flowers, and hung in a curve between two points.

(A) ballet (B) ballot (C) festoon (D) balloon

30) Fill in the blanks with the correct

option. These plants will need.....soil that retains moisture during.....summer months.

(A) a ; the (B) No Article ; a (C)a; an (D) No Article; an

31) Choose the synonym of the underlined word: She soon learnt not to <u>contradict</u> him.

(A) hurt (B) oppose (C) punish (D) irritate

32) Fill in the blanks with the correct option:

The trees..... this part......the forest are still quite young.

(A) along; to (B) into; off (C) above ; over (D) in ; of

33) Identify the correct words to fill in the blanks:

Although, the Rogers are an..... couple, their son is not an...... person.

(A) amiable , amicable (B) amicable amiable (C) amiable amiable (D) amicable , amicable

34) निम्नलिखित में कौन सी एक हिमालय समूह की नदी नहीं है?

(A) नर्मदा (B) ब्रह्मपुत्र (C) सिंधु (D) गंगा

35. टेक्स्ट अलाइनमेंट के लिए 'जस्टीफाई हाई' क्या करता है?

(A) यह हाई जस्टीफाइड टेक्स्ट देने के लिए दो पंक्तियों के बीच अधिकतम जगह बनाता है

(B) यह हाई जस्टीफाइड टेक्स्ट देने के लिए दो पंक्तियों के बीच न्यूनतम जगह बनाता है

(C) यह हाई जस्टीफाइड टेक्स्ट देने के लिए दो शब्दों के बीच न्यूनतम जगह बनाता है।

(D) यह हाई जस्टीफाइड टेक्स्ट देने के लिए दो शब्दों के बीच अधिकतम जगह बनाता है

36. इंफर्मेशन रिट्रीवल की कौन सी सर्विस पब्लिक FTP साइटों और उनके कॉटेंट का एक अदयतनीकृत डेटाबेस है जो किसी फाइल को उसके नाम से खोजने में मदद करता है?

(A) फाइल ट्रांसफर प्रोटोकॉल (B) गोफर (C) आर्ची (D) वेरी ईजी रोडेंट ओरिएंटेड नेटवाइड इंडेक्स टु कम्प्यूटर आर्काइव्स

37. राष्ट्रीय सफाई कर्मचारी आयोग अधिनियम, 1993 के तहत सफाई कर्मचारियों के लिए राष्ट्रीय आयोग का गठन सबसे पहले कब किया गया था?

(A) जून, 1999 (B) अगस्त, 1994 (C) अप्रैल, 1997 (D) जुलाई, 1998

38. ई-लाला, ऑल इंडिया ट्रेडर्स परिसंघ का ई-कॉमर्स पोर्टल अपनी पायलट परियोजना का संचालन किस शहर में करेगा?

(A) औरंगाबाद (B) नागपुर (C) पूणे (D) नासिक

39. राजस्थान ग्रामीण आजीविका विकास परिषद (RGAVP) ग्रामीण विकास विभाग के प्रशासनिक नियंत्रण के अधीन राजस्थान सरकार द्वारा अक्टूबर 2010 में स्थापित एक स्वायत संस्था है। इस संस्था के अध्यक्ष कौन हैं?

(A) माननीय मुख्यमंत्री (B) सरपंच (C) ग्रामीण विकास राज्य मंत्री (D) माननीय राज्यपाल

40. जब एक की को प्रेस किया जाता है, तब कौन सा सर्किट समरूपी की प्रेस करने के लिए ASCII कोड की निर्माण को सक्षम बनाता है?

(A) जनरेटर (B) एनकोडर (C) डीबाउंसिंग (D) लॉगर

41. लोधीसर का नाका किस नदी पर स्थित है?

(A) साबरमती (B) बानस (C) चम्बल (D) माही

42. जलियावाला बाग नरसंहार के लिए कौन सा विकल्प सही है?

(A) 1918 (B) 1921 (C) 1920 (D) 1919

43. योगराज सी.पी ने 40 घंटों तक योगा करके और 1500 से अधिक आसनों का प्रदर्शन करके सबसे लंबे योग मैराथन पुरुष के लिए गिनिज बुक ऑफ वर्ल्ड रिकॉर्ड किस शहर में बनाया था?

(A) लंडन (B) पेरिस (C) मास्को (D) हॉगकॉग

44. राजपूतों की सरकार का महत्वपूर्ण स्वरूप क्या था?

(A) गणतंत्र (B) प्रजातंत्रवादी (C) सामंती (D) वैभवशाली

45. किस वर्ष कांग्रेस और लीग का एकीकरण हुआ था और कांग्रेस लीग एकॉर्ड अथवा लखनऊ पैक्ट पर हस्ताक्षर किए गए थे?

(A) 1920 (B) 1916 (C) 1918 (D) 1917

46. राजस्थान का राजकीय पुष्प क्या है?

(A) कुमुदिनी (B) गेंदा (C) सूरजमुखी (D) रोहिडा

47. एक अंतरिम सरकार के गठन का प्रस्ताव रखने और प्रांतीय विधायिकाओं और भारतीय राज्यों के प्रत्याशियों द्वारा निर्वाचित सदस्यों वाली संविधान सभा का आयोजन करने के लिए कैबिनेट मिशन किस वर्ष भारत आया था?

(A) 1946 (B) 1943 (C) 1944 (D) 1942

48. तीसरी पंचवर्षीय योजना की विफलता के बाद, कितनी वार्षिक योजनाएं बनाई गई थी?

(A) 5 (B) 4 (C) 2 (D) 3

49. दो परिमेय संख्याएं X तथा Z दी गई हैं। एक अपरिमेय संख्या Y है। Y और Z की तरह, X और Y के बीच प्राकृतिक संख्याओं की वही संख्या मौजूद है।X , Yऔर Z के लिए संभावित मान क्या हो सकते हैं?

(A) X =1021/11. Y=V10001Z= 591/3 (B) X = 103/9, Y = V10001, Z = 491/3

(C) X = 101/9, Y = V10001, Z = 381/2 (D) X = 1001/9, Y = V100001, Z = 1391/4

50. ललिता ने कुछ कैंडीज 5 कैंडी प्रति रूपए की दर से खरीदीं। सूरज के पास पहले से कुछ कैंडीज हैं। यदि सूरज 10 कैंडीज ललिता को दे देता है, तो ललिता के पास सूरज से दोगुनी कैंडीज हो जाएंगी। यदि ललिता ने कैंडीज खरीदने के लिए 6 रूपए खर्च किए हैं, तो सूरज के पास कितनी कैंडीज हैं?

(A) 36 (B) 24 (C) 28 (D) 30

51. डेस्कटॉप कम्प्यूटर मेंए वह कौन सा मुख्य अवयव है जो साधारणतः एक आयताकार केस होता है और डेस्क पर या उसके नीचे रखा रहता है

(A) इनपुट यूनिट (B) औटपुट यूनिट (C) माउस (D) सिस्टम यूनिट

52. निम्नलिखित में से किस नदी को 'सोरो ऑफ बंगाल' कहा जाता है?

(A) गंडक (B) दामोदर (C) गोमती (D) सोन

53. निम्न में से कौन सा एक गलत विवरण है?

(A) सम्राट यंत्र – एक विशाल विषुव डायल (B) दीगमंशा यंत्र – एक खुले शीर्ष के साथ बेलनाकार यंत्र

(C) जय प्रकाश – अवतल पक्ष पर गोलाद्ध (D) नारीवल्या यंत्र – एक बेलनाकार डायल

54. खनिज एवं भूविज्ञान विभाग की स्थापना राजस्थान में खनिज संसाधनों की खोज, विकास व प्रशासन के उद्देश्य से की गई है, इसका लक्ष्य है

(A) खनन में राजस्थान के राजस्व में कमी करना (B) खनन के तहत खनिजों की संख्या में कमी करना

(C) राज्य की अर्थव्यवस्था में खनिज क्षेत्र के योगदान में उल्लेखनीय वृद्धि करना (D) खनन के तहत भूमि में कमी करना

55. चबद हाउस नामक यहूदी केन्द्र को छह वर्षों के बाद भारत के किस शहर में पुनः खोला गया है?

(A) पुणे (B) अहमदाबाद (C) नई दिल्ली (D) मुम्बई

56. निम्नलिखित में से कौन सी कंपनी भारत में पूंजीगत उपकरणों की आपूर्तिकर्ता है?

(A) सीमेंट कॉर्पोरेशन ऑफ इंडिया (B) हैवी इंजीनियरिंग कॉर्पोरेशन

(C) भारत हैवी इलेक्ट्रिकल्स लिमिटेड (D) ब्रिज एंड रूफ कम्पनी

57. निम्न में से किस झील को भगवान ब्रह्मा द्वारा निर्मित माना जाता है?

(A) फतेह सागर झील (B) पुष्कर झील (C) अन्ना सागर झील (D) सांभर झील

58. हॉबी क्लास, खगोल विज्ञान और स्काइ वॉचिंग, स्वास्थ्य और स्वच्छता जैसे विभिन्न गतिविधियों के आयोजन द्वारा विज्ञान के क्षेत्र में विद्यालय के छात्रों के बीच रुचि

पैदा करने के लिए राजस्थान में निम्नलिखित पहल में से कौन सी विकसित की गई है?

(A) मनोरंजन केंद्र (B) विज्ञान क्लब (C) ग्रीष्मकालीन विज्ञान शिविर (D) स्कूल शिविर

59. 2011 की जनगणना के अनुसार, राजस्थान में हिंदू आबादी कितने प्रतिशत है?
(A) 88.49% (B) 76.45% (C) 80% (D) 93.42%

60. कथनः सभी वेफर्स बिस्कुट हैं। कुछ बिस्कुट ब्रेड हैं। सभी ब्रेड केक हैं।

निष्कर्षः

I. कुछ वेफर्स केक हैं। II. कुछ केक बिस्कुट हैं।

III. कुछ वेफर्स केक नहीं हैं। IV. सभी केक ब्रेड हैं।

(A) केवल I , II और III सही हैं (B) केवल या तो I या III और IV सही है

(C) केवल या तो I या III और II सही है (D) केवल I और II सही है

61 . दिए गए चार विकल्पों में से भिन्न अक्षर युग्म ज्ञात करें।

(A) EFUV (B) GHTV (C) CDWX (D) ABYZ

62. एक प्राइवेट स्कूल में, 1/5 लड़कियां और 1/4 लड़के हैं, जो 12 वर्ष से कम उम्र के हैं। यदि स्कूल में छात्रों की कुल संख्या 1000 है और कुल छात्रों में लड़कियों की संख्या 2/5 है। फिर, स्कूल में कितने छात्र 12 वर्ष या उससे अधिक आयु के हैं?

(A) 570 (B) 670 (C) 470 (D) 770

63. वार्षिक एवं अर्धवार्षिक आधार पर प्रतिवर्ष 4% की दर पर 1 वर्ष के लिए 5000रु पर चक्रवृद्धि ब्याज की राशि का अंतर कितना होगा?

(A) 4.80रु (B) 3.06रु (C) 8.30रु (D) 2.04रु

64. किसी मिश्रण में दूध और पानी का अनुपात 5 : 2 है। यदि मिश्रण में 4 लीटर जोड़ दिया जाए, तो इसमें दूध और पानी का नया अनुपात 3:2 होगा। नए मिश्रण में दूध की मौजूदा मात्रा क्या होगी?

(A) 10 लीटर (B) 12 लीटर (C) 15 लीटर (D) 20 लीटर

65. 2, 7, 27, 107, 427, _ ?
(A) 4027 (B) 4207 (C) 1262 (D) 1707

66.कथन : कुछ पेज रबर हैं। सभी पेंसिलें रबर हैं।

निष्कर्षः

I.कुछ रबर मोती हैं। II. कुछ रबर पेज हैं।

(A) ना तो I ना II सही है। (B) दोनों I और II सही है (C) केवल निष्कर्ष II सही है (D) केवल निष्कर्ष I सही है

67. निम्नलिखित में से किस "मुख्यद्वार को अकबर द्वारा अपनी गुजरात की जीत का जश्न मनाने के लिए बनवाया गया था?

(A) बुलंद दरवाजा (B) शीश महल (C) पंच महल (D) दीवान-ए-खास

68. खादर और बांगर निम्न में से किस मिट्टी से संबंधित हैं?

(A) लैटेराइट (B) जलोढ़ (C) काली (D) लाल

69. उस विशेषता को क्या कहा जाता है, जो किसी लाइन पर टेक्स्ट को क्षितिज के समांतर दिशा में संरेखित करता है

(A) सेंटर जस्टिफिकेशन (B) फुल जस्टिफिकेशन (C) लेफ्ट जस्टिफिकेशन (D) राइट जस्टिफिकेशन

70. नीला रेखांकन किस प्रकार की त्रुटि का प्रतिनिधित्व करता है?

(A) व्याकरण त्रुटि (B) वर्तनी त्रुटि (C) सही वर्तनी लेकिन दुरुपयोगित शब्द (D) केपिटलाइजेशन त्रुटि

71.ROCL को कंपनी अधिनियम 1956 के तहत 19.4.2007 में निगमित किया गया था। कंपनी की स्थापना राजस्थान राज्य कृषि विपणन बोर्ड के माध्यम से राजस्थान सरकार के सहयोग से की गई थी। ROCL का विस्तृत रूप क्या है?

(A) राजस्थान ऑलिव कल्टिवेशन लिमिटेड (B) राजस्थान ऑलिव कॉपरेटिव लिमिटेड

(C) राजस्थान ऑर्गेनाइज्ड कल्टिवेशन लिमिटेड (D) राजस्थान ऑर्गेनाइज्ड कॉपरेटिव लिमिटेड

72. 2021-22 के दौरान, मौजूदा कीमतों पर प्रति व्यक्ति आय की वृद्धि दर क्या है?
(A) 18.3% (B) 10.10% (C) 11.3% (D) 8.7%

73. निम्नलिखित में से किस राज्य में सीमेंट कॉरपोरेशन ऑफ इंडिया द्वारा नियंत्रित बोकाजान सीमेंट फैक्टरी अवस्थित है?

(A) असम (B) कर्नाटक (C) मणिपुर (D) मेघालय

74) सूची | में दी गई कन्हैयाला सेठिया की पुस्तकों को सूची || में दिए उनके प्रकाशन वर्ष से सुमेलित करें।

सूची – । सूची – ||

1-वनफूल (A. 1942

2-अग्निवीना (B. 1962

3-आज हिमालय बोला (C. 1967

4-खुली खिड़कियां चौरे रास्ते (D. 1941

(A) 1-(A,2-6,3-(C, 4-(D| (B) 1-(D, 2-(C, 3-(B, 4-(A

(C) 1-(C, 2-(D, 3-(A, 4-(B| (D) 1-(D, 2-(A, 3-(B, 4-(C

75. निम्न में से कौन सी पुस्तक सवाई सिंह धमोरा द्वारा नहीं लिखी गई है?

(A) पेरू प्रकाश (B) मधुमति (C) गांधी गाथा (D) के जौहर वा साका

76. कुछ परिमेय संख्याओं को उनके दशमलव रूप में परिवर्तित किया गया है। निम्नलिखित में से किस संख्या में दशमलव के बाद अंको की संख्या अधिकतम होगी?

(A) 43/50 (B) 29/100 (C) 37/64 (D) 13/16

77. निम्नलिखित में से किस समिति की सिफारिशों पर विभिन्न राज्यों के लिए भिन्न-भिन्न गरीबी रेखाएं निर्धारित की गई थी?

(A) लकड़ावाला (B) मल्होत्रा (C) नरसिम्हा (D) तेंदुलकर

78. निम्न में से कौन EVMs पर उम्मीदवारों के फोटो के साथ, फोटो मतदाता सूची पाने वाला पहला राज्य बन गया है?

(A) बिहार (B) राजस्थान (C) दिल्ली (D) उत्तर प्रदेश

79. नागरिक अधिकार संरक्षण अधिनियम कब पारित किया गया था?

(A) 1955 (B) 1986 (C) 1954 (D) 1964

80. निम्नलिखित में से कौन सा एक अंडमान और निकोबार द्वीपसमूहों के बीच सीमांकन रेखा बनाता है?

(A) लिटल अंडमान (B) द टेन डिग्री चैनल (C) कार निकोबार (D) द ऐट डिग्री चैनल

81. पूर्व प्रतिबद्ध दायित्वों के अतिरक्त राज्यों के लिए 100 फीसदी वितीय सहायता से जुड़े PMS से SC छात्रों की केन्द्र प्रायोजित योजना के प्रभावी क्रियान्वयन को दसवीं योजना अवधि के दौरान उच्च प्राथमिकता दी गई है। PMS का विस्तृत रूप क्या है?

(A) प्री मैट्रिक स्कालरशिप (B) पोस्ट मैट्रिक स्कालरशिप (C) पोस्ट मास्टर स्कालरशिप (D) प्री मैरिज स्कालरशिप

82. पेज ब्रेक इन्सर्ट करने के लिए कीबोर्ड शॉर्टकट क्या है?

(A) CTRL + ALT + ENTER (B) ALT+ ENTER (C) CTRL + ENTER (D) SHIFT + ENTER

83. 2011 जनगणना के अनुसार, राजस्थान में लिंगानुपात है

(A) 975 महिला प्रति 1000 पुरुष (B) 998 महिला प्रति 1000 पुरुष

(C) 928 महिला प्रति 1000 पुरुष (D) 985 महिला प्रति 1000 पुरुष

84. निम्नलिखित में से कौन सा खनिज भारत में केवल राजस्थान में पाया जाता है?

(A) जिप्सम (B) सिलेशियस (C) अर्थ (D) लेड

85. बाड़मेर जिले में तेल एवं गैस के प्रथम निक्षेप का दोहन किस वर्ष हुआ था?

(A) 2007 (B) 2008 (C) 2010 (D) 2009

86. राजस्थान राज्य सरकार द्वारा आईटी साक्षरता और आईटी सेवाओं को बढ़ावा देने के लिए किस संगठन की स्थापना की गई है?

(A) जेनपैक्ट (B) राजस्थान इलेक्ट्रॉनिक्स एंड इंस्ट्रूमेंट लिमिटेड (C) राजस्थान नॉलेज कॉरपोरेशन लिमिटेड (D) इंफोसिस

87. आधार भारत सरकार की ओर से भारतीय विशिष्ट पहचान प्राधिकरण द्वारा जारी व्यक्ति की पहचान संख्या है। आधार संख्या में कितने अंक होते हैं?

(A) 12 (B) 14 (C) 16 (D) 10

88. ग्रामीण विकास विभाग के प्रशासनिक नियंत्रण के तहत माननीय मुख्य मंत्री की अध्यक्षता में स्वायत्तशासी सोसाइटी राजस्थान ग्रामीण आजीविका विकास परिषद की

स्थापना कब की गई थी?

(A) सितंबर 2011 (B) मई 2010 (C) अक्टूबर 2010 (D) अक्टूबर 2011

89. भारत में वन्यजीव संरक्षण के लिए कौन सा पुरस्कार दिया जाता है

(A) अमृता देवी बिश्नोई अवार्ड (B) इंदिरा गांधी पर्यावरण पुरस्कार (C) बी.पी. पाल फैलोशिप(D) ई.के. जानकी अम्माल अवार्ड

90. निम्न में से कौन सा अनुच्छेद देश में वर्तमान में लागू विभिन्न निजी कानूनों के बीच असंगति को नष्ट करके सभी नागरिकों के लिए समान नागरिक संहिता को सुरक्षित करने के लिए राज्य को प्रोत्साहित करता है?

(A) अनुच्छेद 370 (B) अनुच्छेद 78 (C) अनुच्छेद 51 (D) अनुच्छेद 44

91. विजयदान देथा का उपनाम क्या था जो राजस्थान के एक प्रसिद्ध लेखक थे और पद्म श्री पुरस्कार के प्राप्तकर्ता थे?

(A) विज्जु (B) बिज्जी (C) दतु (D) दद्दू

92. स्पिनट्रॉनिक्स किसके अनुसन्धान और मैनीपुलेशन में सम्मिलित नैनो स्केल इलेक्ट्रॉनिक्स का उभरता हुआ क्षेत्र है?

(A) न्यूट्रॉन स्पिन (B) न्यूक्लियॉन स्पिन (C) न्यूक्लियाइ स्पिन (D) इलेक्ट्रॉन स्पिन

93. निम्नलिखित किस फल की फसल राजस्थान के पश्चिमी भागों में उगाई जाती है?

(A) कीनू (B) बेर (C) आम (D) नारंगी

94. निम्न में से कौन सी पुस्तक अब्दुल वहीद कमाल द्वारा लिखी गई थी?

(A) आप्नो चितौड़ (B) बलवंत विलास (C) वीर सत्साई (D) उकलती धरती, उफतो अभू

95. निम्न में से कौन सा राजवंश 9वीं शताब्दी ई. के मध्य में उभर कर सामने आया था और भारतीय प्रायद्वीप के विशाल भाग के साथ-साथ श्रीलंका और मालदीव द्वीप को अपने में शामिल कर लिया था?

(A) चेर (B) चोल (C) पल्लव (D) चालुक्य

96. चांदीपुर में ITR से मई, 1989 में जांच हेतु फायर की गई भारत की प्रथम मध्यवर्ती सीमा की प्रक्षेपात्र निम्नलिखित में से कौन सी है?

(A) नाग (B) अग्नि (C) आकाश (D) पृथ्वी -||

97. मृत्यु का अधिकार प्रश्न बम्बई उच्च न्यायालय के समक्ष पहली बार विचार करने के लिए किस मामले के रूप में आया था?

(A) गोपालन बनाम भारत संघ (B) महाराष्ट्र राज्य बनाम मारुति श्रीपति दुबल

(C) रथीनम बनाम भारत संघ (D) कौर बनाम पंजाब राज्य

98.चीनी यात्री फाहियान किस गुप्त शासक के शासनकाल के दौरान भारत आया था?

(A) चन्द्रगुप्तमौर्य(B) समुद्रगुप्त(C) चन्द्रगुप्त II (D) कुमारगुप्त

99. 2011 की जनगणना के अनुसार, निम्न में से कौन सा एक नगर परिषद है?

(A) बीकानेर (B) जयपुर (C) उदयपुर (D) अजमेर

100. इंडोलाई का तालाब' वो क्षेत्र जहां डोलोमाइट पाया जाता है, राजस्थान के किस जिले में स्थित है?

(A) जोधपुर (B) श्रीगंगानगर (C) कोटा (D) जैसलमेर

101. किस वर्ष में, ब्रिटिश सरकार ने भारत में सरकार की संरचना में कुछ सुधारों की घोषणा की थी, जिन्हें मॉर्ले-मिंटो सुधारों के रूप में जाना जाता है?

(A) 1911 (B) 1909 (C) 1905 (D) 1919

102. तूफान से संबंधित निम्न में से कौन सा कथन सही है?

(A) भूमण्डलीय तापक्रम वृद्धि में चढ़ाव के कारण समुद्र का पानी गर्म हो जाता है और वह आसपास की हवा को गरम करता है जिसकी वजह से तूफान पैदा होता है

(B) भूमण्डलीय तापक्रम वृद्धि महासागर गर्म करता है और अवक्षेपण घटता है और तूफान बनाता है

(C) वैश्विक तापमान में वृद्धि, ध्रुवीय क्षेत्र में बर्फ पिघला कर तूफान को जन्म देता है

(D) वैश्विक तापमान में वृद्धि से सागर में पानी का वाष्पीकरण होता है और हवा को ठंडा करता है ऐसा तापमान कम हो जाता है और इसलिए तूफान की तीव्रता कम हो जाती है

103. निम्नलिखित संस्थानों में से कौन सा संस्थान राजस्थान में नवरचना को प्रोत्साहन देने के लिए जयपुर के प्रौद्योगिकी अभिनव क्षेत्र में स्थापित किया जाएगा? (A) राजस्थान नेतृत्व संस्थान (B) नेतृत्व अकादमी (C) राजस्थान की उत्कृष्टता और नेतृत्व विकास के लिए केंद्र (D) नेतृत्व प्रोग्राम के माध्यम से स्व विकास की अकादमी

104.तरुशि राय मिस राजस्थान 2022 बनी है,यह किस जिले से है-

(A) जयपुर (B) जोधपुर (C) बीकानेर (D) उदयपुर

105.) राष्ट्रीय सुशासन केन्द्र के महानिर्देशक कोन है?.

(A)श्री वी श्रीनिवास (B) A.K. सेठ(C) डॉ. राहुल खुल्लर (D) जयंत सिंह

106. एक पैसेंजर ट्रेन की गति 72 किमी/घंटा है। ट्रेन की लंबाई 400 मीटर है। 100 मीटर लंबीए खड़ी हुई ट्रेन को पार करने में इसे कितना समय लगेगा?

(A) 20 सेकंड (B) 30 सेकंड (C) 25 सेकंड (D) 27.5 सेकंड

107. संचाई में निवेश की संसृति को क्षेत्र स्तर पर हासिल करना, सुनिश्चित सिंचाई योजना (हर खेत को पानी) के तहत कृषि योग्य भूमि के क्षेत्रफल में वृद्धि करना, पानी की क्षति को कम करने के लिए खेत में पानी के उपयोग की दक्षता में सुधार करना, सटीक सिंचाई को अपनाने पर बल देना तथा जल संरक्षण की अन्य युक्तियों को अपनाना(हर बूंद पर अधिक फसल) PMKSY के मुख्य उद्देश्य हैं। PMKSY का विस्तृत रूप क्या है?

(A) प्रधानमंत्री खेत सिंचाई योजना (B) प्रधानमंत्री खरीफ सिंचाई योजना

(C) प्रधानमंत्री कृषि सिंचाई योजना (D) प्रधानमंत्री खेत सुधार योजना

108. सौरभ विशाल की तुलना में चौगुनी तेजी से काम करता है। हालांकि, सौरभ केवल हर तीसरे दिन ही काम करता है। विशाल अकेला काम को 30 दिनों में खत्म कर सकता है। यदि सौरभ पहले दिन पर काम करता है, तो किस दिन दोनों मिलकर काम को समाप्त कर देंगे? (A) 12वें दिन (B) 13वें दिन (C) 14वें दिन (D) 11 वे दिन

109) Fill in the blank with correct form of verb: They Are going to..... for oil nearby.

(A) drilled (B) has drilled (C) Drills (D) drill

110) Fill in the blank with the appropriate option:

'Think smart. Buy now. Buying XYZ car. right now makes more sense than ever' is the opening line of A......

(A) notice (B) circular (C) memo (D) sales letter

111)राजस्थान के सबसे बड़े चिड़ियाघर—जयपुर की स्थापना किसके द्वारा की गई?

(A) सवाई रामसिंह (B) सवाई मानसिंह (C) सवाई जयसिंह (D) सवाई प्रतापसिंह

112) आजादी से पहले राजस्थान का क्षेत्र कहलाता था ?

(A) राजपूताना (B) संयुक्त प्रान्त (C) मध्य प्रान्त (D) बंग प्रदेश

113)1905 में जयपुर में वर्धमान पाठशाला की स्थापना किसने की ?

(A) मेजर शैतान सिंह (B) गुलाबचन्द कासलीवाल (C) मास्टर भोलेनाथ (D) अर्जुन लाल सेठी

114)प्रसिद्द सूरतगढ़ यांत्रिक कृषि फार्म कौनसे जिले में हैं?

(A) उदयपुर (B) श्रीगंगानगर (C) बीकानेर (D) हनुमानगढ़

115)जयपुर के किस ऐतिहासिक इमारत को यूनेस्को द्वारा वल्ड हेरिटेज सूची में शामिल किया गया था?

(A) सिटी पैलेस (B) जंतर मंतर (C) जल महल (D) हवा महल

116)राज्य के किस जिले को अन्न का कटोरा कहते हैं?

(A) पाली (B) झालावाड (C) हनुमानगढ़ (D) श्रीगंगानगर

117)गुरुद्वारा बुड्ढा जोहड़ किस जिले में स्थित हैं

(A) श्रीगंगानगर (B) बीकानेर (C) अजमेर (D) हनुमानगढ़

118)दिल्ली—मुम्बई इण्डस्ट्रियल कॉरिडोर परियोजना का 40 प्रतिशत हिस्सा राजस्थान में है, जिसकी लम्बाई है—

(A) 475 किमी (B) 876 किमी (C) 576 किमी (D) 676 किमी

119)राजस्थान में निम्न में से कौन सी नदी बारहमासी है?

(A) कांतली (B) बाणगंगा (C) घग्गर (D) चंबल

120) UPSC के चेयरमैन को कौन हटा सकता है?

(A] प्रधानमंत्री(B] राष्ट्रपति(C] उपराष्ट्रपति(D] लोकसभा अध्यक्ष

121) भारतीय नागरिकता प्राप्त करने की शर्तें कौन सी हैं?

(A] निवास और वंश(B] निवास, वंश और पंजीकरण(C] निवास, वंश और पंजीकरण और संपत्ति रखना (D] इनमें से कोई नहीं

122) निम्नलिखित में किस राज्य में द्विपक्षीय विधायिका नहीं है?

(A] महाराष्ट्र (B) बिहार (C) पश्चिम बंगाल (D) आन्ध्र प्रदेश

123) भारतीय लोकपाल ओम्बड्समैन का पर्यायवाची है, जो किन देशों में है?

(A] स्कैंडेनेवियाई देश(B] नॉर्डिक देश(C] बेनेलक्स देश(D] G20 देश

124)जनसंख्या वृद्धि से आर्थिक विकास की गति ?

(A) सामान्य रहती है (B) तीव्र हो जाती है (C) मंद हो जाती है (D) कुछ भी नहीं होता है

125)महाराणा सांगा ने इब्राहिम लोदी को किस युद्ध में परास्त किया था ?

(A) खातोली का युद्ध (B) सारंगपुर का युद्ध (C) सिवाना का युद्ध (D) खानुआ का युद्ध

126)राजस्थान का मरुस्थलीय प्रदेश भू-गर्भिक दृष्टि से किस प्राचीन भू-खण्ड का भाग है ?

(A) अरब सागर (B) टेथिस सागर (C) बंगाल की खाड़ी (D) हिन्द महासागर

127)बासवाड़ा व डूंगरपुर के मध्य के भू-भाग को किस नाम से जाना जाता है ?

(A) कांठल (B) भाकर (C) गिरवा (D) मेवल

128)सबसे पहले किसने राजपूतों की उत्पत्ति के संबंध में 'अग्निकुल/अग्निवंश सिद्धांत' का प्रतिपादन किया ?

(A) चंदबरदाई (B) अमीर खुसरो (C) जयनक (D) इनमें से कोई नहीं

129)राष्ट्रीय उद्यान घोषित होने वाला राज्य का प्रथम क्षेत्र कौन-सा है ?

(A) रणथम्भौर (सवाई माधोपुर) (B) सरिस्का (अलवर) (C) केवलादेव (भरतपुर) (D) इनमें से कोई नहीं

130)मोती महल नामक प्रसिद्ध स्थान किस नगर में है ?

(A) जयपुर (B) बीकानेर (C) कोटा (D) जोधपुर

131)वृहद राजस्थान का निर्माण किया गया था ?

(A) 30 मार्च, 1947 (B) 30 मार्च, 1948 (C) 30 मार्च, 1949 (D) 30 मार्च, 1950

132)राजस्थान में कहा पर "शरद महोत्सव" मनाया जाता हैं ?

(A) उदयपुर (B) डूंगरपुर (C) झालावाड़ (D) माउण्ट आबू

133) एक परिमेय संख्या का हर उसके अंश से एक अधिक है। यदि अंश में 2 जोड़ दिया जाए और हर में से 4 घटा लिया जाए, तो परिमेय 6 आएगा। परिमेय संख्या क्या होगी?

(A) 23 (B) 56 (C) 45 (D) 34

134) राष्ट्रीय विकास परिषद को कब स्थापित किया गया था?

(A) दिसम्बर, 1953 (B) अगस्त, 1952 (C) जुलाई, 1951 (D) सितम्बर, 1952

135) क्लोजिंग सेल के तहत प्रस्तावित छूट शर्ट की कीमत को 1200रु कम कर देती है। हालांकि, इसमें, विक्रेता को 10% की हानि हो रही है। शर्ट का अंकित मूल्य उसके लागत मूल्य से 32 गुना है। विक्रेता हो 5% लाभ अर्जित करने के लिए कितनी छूट देनी चाहिए?

(A) 30% (B) 40% (C) 25% (D) 36%

136) स्टील ग्रेड चुना पत्थर की सबसे बड़ी उत्पादक और आपूर्तिकर्ता है?

(A)जैसलमेर लाइमस्टोन इंडिया लिमिटेड (B)राष्ट्रीय इस्पात निगम लिमिटेड

(C)राजस्थान स्टेट माइनस एंड मिनरल्स लिमिटेड (D)झूझ्नु चुना पत्थर खदान

137) निम्नांकित में से कौन सा/से ईमेल की विशेषता है/हैं?

1 ईमेल प्रोग्राम एक अड्रेस बुक के साथ आता है जो साधारणतः इस्तेमाल में आसान है और उपयोगकर्ता द्वारा प्राप्त सभी ईमेल अड्रेस को होल्ड करता है, जिसे उपयोगकर्ता याद करना नहीं चाहेगा।

2 उपयोगकर्ता डिस्ट्रिब्यूशन लिस्ट बना सकते हैं, जिसमें उतने ईमेल अड्रेस हो सकते हैं जितना वे चाहते हैं।

(A) केवल 2 (B) सभी (C) केवल 1 (D) न तो 1 और न ही 2

138) निम्नलिखित में से किस जोड़ी का संयोजन सही है?

(A) राठौर -इंदुवंश कुल (B)कच्छवाहस – चंद्रवंश कुल (C) सिसोदिया- सूर्यवंश कुल (D)गहादवाला – सूर्यवंश कुल

139) निम्न में से सही निष्कर्ष चुनिए:

अभिकथन – सूचना का अधिकार को 2005 में संविधान के 19(1) के तहत का मौलिक अधिकार का दर्जा दिया गया है।

कारण – हर नागरिक को सरकार के कार्य, उसकी भूमिका, उसके कार्य आदि के बारे में जानने कर अधिकार

(A) अभिकथन सही है लेकिन कारण गलत है (B) कारण सही है, लेकिन अभिकथन गलत है

(C) दोनों अभिकथन और कारण सही है (D) अभिकथन और कारण सही हैं लेकिन कारण सही व्याख्या नहीं है

140) किस महाद्वीप पर सबसे लंबे पहाड़ पाए जाते हैं?

(A) उत्तरी अमेरिका (B) यूरोप (C) दक्षिण अमेरिका (D) एशिया

141) राष्ट्रपति किसकी नियुक्ति करने के लिए जिम्मेदार नहीं होता है?

(A) नियंत्रक एवं महालेखा परीक्षक (B) उपाध्यक्ष (C) राज्यों के राज्यपाल (D) भारत के सर्वोच्च न्यायालय और उच्च

न्यायालयों के मुख्य न्यायाधीश, अन्य न्यायाधीश

142) राजस्थान सरकार ने पवन से बिजली निर्माण को बढ़ावा देने की नीति को कब लागू किया था?

(A) 12 जून 2012 (B) 18 जुलाई 2012 (C) 27 अगस्त 2014 (D) 18 जुलाई 2013

143) कार्बन नैनोट्यूब के संदर्भ में SWNT का अर्थ है -

(A) सुपर वेव नैनोट्यूब (B) स्टार वेल नैनोट्यूब (C) स्टेटिक वेव नैनोट्यूब (D) सिंगल वाल्ड नैनोट्यूब

144) NABARD ने किन तीन राज्यों में इंडो-जर्मन वाटरशेड डेवलपमेंट के वेब-आधारित मॉनिटरिंग के लिए नेशनल रिमोट सेंसिंग सेंटर के साथ MoU पर हस्ताक्षर किए हैं?

(A) राजस्थान, गुजरात और महाराष्ट्र , (B) तमिलनाडु, तेलंगाना और राजस्थान ,

(C) महाराष्ट्र, हरियाणा और पंजाब , (D) राजस्थान, गुजरात और तेलंगाना

145) इनमें से कौन सा पति का पर्यायवाची नहीं है ?

(A) नाथ (B) भर्ता (C) प्रियतम (D) मित्

146) SPINFE(D राजस्थान का एक सरकारी उपक्रम, राजस्थान की सहकारी कताई मिलों का महासंघ है। यह अस्तित्व में कब आया था?

(A) 1 जुलाई 1993 (B) 1 नवंबर 1993 (C) 1 अप्रैल 1993 (D) 1 सितंबर 1993

147) किसी भी शब्द के अंत में लगनेवाले शब्दांश को क्या कहते हैं ?

(A) प्रत्यय (B) उपसर्ग (C) सन्धि (D) विशेषण

148) दक्षिण शब्द का विलोम इनमें से क्या होगा ?

(A) उत्तर पूर्व (B) पश्चिम (C) पूरब (D) उत्तर

149) सशस्त्र बलों के सदस्यों के जीवन का अधिकार

(A) युद्ध के दौरान उपलब्ध नहीं होता है (B) न्यायपालिका द्वारा नियंत्रण के अधीन है

(C) हटाया नहीं जा सकता (D) संसद द्वारा कानून के जरिए प्रतिबंधित किया जा सकता है

150) निम्नलिखित में से कौन राजस्थान, भारत में निवेश संवर्धन और सिंगल विन्डो क्लीयरेंस की प्रभारी एजेंसी है?

(A) राजस्थान निवेश संवर्धन योजना (B) राजस्थान राज्य औद्योगिक विकास एवं निवेश निगम निवेश

(C) प्रोत्साहन नीति (D) निवेश संवर्धन ब्यूरो

उत्तर माला

1.C 2.D 3.B 4.C 5.B 6.A 7.D 8.C 9.A 10.D 11.B 12.A 13.D 14.B 15.A 16.D 17.A 18.B 19.A 20.C 21.C 22.A 23.D 24.B 25.C 26.A 27.D 28.B 29.C 30. A31.B 32.D 33.A 34.A 35.D 36.C 37.B 38.B 39.A 40.B 41.D 42.D 43.D 44.C 45.B 46.D 47.A 48.D 49.C 50.D 51.D 52. B53.B 54.C 55.D 56.B 57.B 58.B 59.A 60.C 61.B 62.D 63.D 64.C 65.D 66.C 67.A 68.B 69.A 70.C 71.A 72.A 73.A 74.D 75.B 76.C 77.A 78.A 79.A 80.B 81.B 82.C 83.C 84.C 85.D 86.C

87 .A 88.C 89.A 90.D 91.B 92.D 93.B 94.D 95.B 96.B 97.B 98.C 99.C 100.A 101.B 102.A 103.B 104.A 105.A 106.C 107.C 108.B 109.D 110.D 111.A 112. A113.D 114.B 115.B 116.D 117.A 118.C 119.D 120.B 121.B 122.C 123.A 124.C 125. A126.B 127. A128.A 129.A 130.D 131.C 132. D133.C 134.B 135.A 136.C 137.B 138.C 139.C 140.C 141.B 142.B 143.D 144.D 145.D 146.C 147.A 148.D 149.D 150.D

5

मॉडल पेपर

1) किस राज्य सरकार द्वारा सरकारी अराजपत्रित नौकरियों में महिलाओं को 35 प्रतिशत का आरक्षण दिया गया है?

(A) झारखंड (B) बिहार (C) उत्तर प्रदेश (D) छत्तीसगढ़

2) राजस्थान पर्यटन विकास निगम लिमिटेड ने लक्जरी ट्रेन – रॉयल राजस्थान ऑन व्हील्स की शुरुआत कब की थी?

(A) 2009 (B) 2011(C) 2008 (D) 2010

3) निम्न में से कौन सा एक पुरातत्व एवं संग्रहालय विभाग की महत्वाकांक्षी परियोजना के अंतर्गत शामिल नहीं है?

(A) संग्रहालय कलाकृतियों का डिजिटल प्रलेखन (B) स्मारकों का डिजिटल वीडियो प्रलेखन

(C) विरासत स्थलों के लिए की मान्यता प्राप्त करना (D) डिजिटलीकरण

4) नृत्य और संगीत की प्रसिद्ध मुद्रा लावणी किस प्रदेश में प्रयोग की जाती है?

(A) छत्तीसगढ़(B) मध्य प्रदेश(C) गोवा(D) महाराष्ट्र

5) DEITY भारतीय संचार एवं सूचना प्रौद्योगिकी मंत्रालय का एक प्रभाग है। DEITY किसे संदर्भित करता है?

(A)डिपार्टमेंट ऑफ़ इलेक्ट्रॉनिक्स एंड इनफार्मेशन टेक्नोलॉजी (B)डिपार्टमेंट ऑफ़ इंजीनियरिंग एंड इनफार्मेशन टेक्नोलॉजी

(C) डिवीज़न ऑफ़ इलेक्ट्रॉनिक्स एंड इनफार्मेशन टेक्नोलॉजी (D) ऑफ़ इलेक्ट्रानिक्स एंड इनवेस्टिगेटिव टेक्नोलॉजी

6) कौन सा देश 2021 में इलेक्ट्रॉनिक उत्पादों के निर्यात में अग्रणी है?

(A) संयुक्त राज्य अमेरिका (B) इटली (C) दक्षिण कोरिया (D) यूनाइटेड किंगडम

7) 90 वें ___ संशोधन के माध्यम से एक राज्य ने विशेष क्षेत्र के लिए विधानसभा सीटें आरक्षित की थी, उस राज्य और क्षेत्र का नाम बताएं।

(A) असम विधानसभा और बोडोलैंड क्षेत्र(B) प्रदेश और तेलंगाना

(C) उत्तर प्रदेश और उत्तरांचल के पहाड़ी क्षेत्र (D) महाराष्ट्र और विदर्भ

8) अंडमान और निकोबार द्वीप समूह में सैडल पीक कहाँ स्थित है-

(A)ग्रेट निकोबार(B)मध्य अंडमान(C)लिटिल अंडमान(D)उत्तरी अंडमान

9) राजस्थान राज्य में तांबे की खदानें कहां स्थित हैं?

(A) खेतडी (B) बस्सी (C) शाहपुरा (D) बाड़मेर

10) सिटी पैलेस किस झील के तट पर बनाया गया है?

(A) पिछोला झील (B) पुष्कर झील (C) मानसागर झील (D) फतेह सागर झील

11). IUCN से तात्पर्य है

(A) इंटरनेशनल यूनियन फॉर कल्चरल नेशन (B) इंटरनेशनल यूनियन फॉर कंजर्वेशन ऑफ नेचर

(C) इंटरनेशनल यूनियन फॉर क्लाइमेट एंड नेचर (D) इंटरनेशनल यूनियन फॉर कंजर्वेशन ऑफ नेचुरल रिसोर्सिस

12) AIBP का पूरा नाम है?

(A) एक्सेलरेटेड इरीगेशन बेनिफिट प्रोग्राम (B) एक्सेलरेटेड इरीगेशन बेनिफिसिअल प्लॉन

(C) एक्सेलरेटेड इरीगेशन बिल्ड प्रोग्राम (D) एक्सेलरेटेड इरीगेशन बेनिफिट प्लॉन

13) इंदिरा गांधी नहर परियोजना के दूसरे चरण में, मुख्य नहर की लंबाई क्या है?

(A) 256 किमी (B) 210 किमी(C) 204 किमी (D) 230 किमी

14) राजस्थान के किस जिले में ग्रेड चुना पत्थर पाया जाता है?

(A) चित्तौड़गढ़ (B) कोटा (C) जैसलमेर (D) जोधपुर

15)CWG 2022' में पदक तालिका में कौन सा देश शीर्ष स्थान पर रहा है?

(A)ऑस्ट्रेलिया(B)जापान(C)अमेरिका(D)रूस

16) विंडोज़ (विंडोज 7 तक में), फाइल सिस्टम को किसका प्रयोग करके प्रदर्शित किया जाता है?

(A) कर्नल(B) विंडोज ऐक्सप्लोरर (C) नेविगेटर (D) इंटरनेट ऐक्सप्लोरर

17) निम्नलिखित में से कौन सा एक 1821 में राजाराम मोहन राय द्वारा सम्पादित बंगाली साप्ताहिक था?

(A) केसरी(B) रास्ट गोफतर (C) मराठा (D) संवाद कौमुदी

18) किसी कक्षा में लड़कियों और लड़कों का अनुपात 3: 2 है। यदि कक्षा में 25 लड़के और जोड़ दिए जाएं, तो यह अनुपात उलटा हो जाएगा। प्रारंभ में, कक्षा में लड़कियों की संख्या कितनी थी?

(A) 20 (B) 30 (C) 45 (D) 15

19) रॉय ने दो रेस में 68 रु हारे। दूसरे रेस में उसे पहले रेस की तुलना में 6 रु का अधिक घाटा हुआ। रॉय के मित्र को दूसरे रेस में रॉय से 4 का अधिक घाटा हुआ। दूसरी रेस में रॉय के मित्र को कितना घाटा हुआ?

(A) 39 (B) 45 (C) 40 (D) 41

20) किसी विशेष कूट भाषा में GBOQX का अर्थ HAPPY है, तो CROSS का अर्थ क्या होगा?

(A) BSPTR(B) BSNTR(C) BSNRT(D) BNSTR

21) 5690, 5121, 4552, 3983, 3414, 2895, ___?

(A)2276 (B) 2456 (C) 2356 (D) 2516

22) 1200रु की राशि किस चक्रवृद्धि दर पर 2 वर्ष में 1348. 32रु होगी?

(A) 0.065(B) 0.06 (C) 0.075 (D) 0.07

23) 301 पन्नों वाली एक किताब के पन्नों की नंबरिंग करने के लिए कितने अंकों की आवश्यकता होगी?

(A) 301 (B) 795 (C) 602 (D) 568

24) किसी चुनाव में तीन उम्मीदवारों , और को । प्राप्त मतों की संख्या 2:5:7 के अनुपात में हैं। यदि को

से 15,300 मत कम मिले हैं, तो को प्राप्त मतों की संख्या क्या है?

(A) 48, 100 (B) 36, 000 (C) 15, 300 (D) 24, 000

25) जयपुर के क्षेत्रीय विज्ञान केंद्र में 27-28 फरवरी, 2015, को मनाया गया राष्ट्रीय विज्ञान दिवस 2015 का विषय निम्न में से कौन सा था?

(A)वैज्ञानिक रवैया का विकास (B) मेरे और राष्ट्र के लिए विज्ञान (C) विद्या और विज्ञान (D) राष्ट्र निर्माण के लिए विज्ञान

26) राजस्थान के किस समुदाय ने हर नवजात बालिका के लिए सावधि जमाराशि के रूप में 5,000 रु देने का फैसला किया है?

(A) घांची (B) गदिया (C) गडेरिया (D) देशांत्री

27) निम्न में से कौन सा उद्योग चूनापत्थर का उपयोग कच्ची सामग्री के रूप में करता है?

(A) लोहा (B) एल्यूमिनियम(C) बाक्साइट(D) सीमेंट

28) मार्बल, स्लेट तथा सैन्डस्टोन के उत्पादन में राजस्थान की कितने प्रतिशत हिस्सेदारी है?

(A) 80 प्रतिशत (B) 90 प्रतिशत (C) 70 प्रतिशत (D) 50 प्रतिशत

29) सामाजिक न्याय और सशक्तिकरण मंत्रालय ने किसकी वैश्विक सुगम्यता हासिल करने के लिए एक राष्ट्रव्यापी अभियान के रूप में ऐक्सेसिबल इंडिया कैम्पेन सुगम्य भारत अभियान का सूत्रपात किया था?

(A) वरिष्ठ नागरिकों (B) विकलांग व्यक्तियों

(C) अल्कोहल और मादक पदार्थ के दुरुपयोग से पीड़ित व्यक्तियों (D) अनुसूचित जातियों

30) निम्न में से कौन सा एक अपने जीवन की गुणवत्ता और अपने परिवारों, समुदायों, उद्यमों और समाज में सुधार लाने की अंशदायी क्षमता को बढ़ावा देकर लोगों को सशक्त बनाने को परिभाषित करता है?

(A) मानव संसाधन प्रबंधन (B) वित्तीय प्रबंधन (C) नेतृत्व विकास (D) मानव संसाधन विकास

31) निम्नलिखित में से कौन 1858 में रानी की घोषणा के उपरांत भारत का प्रथम वायसराय बना था?

(A) लार्ड मारले (B) लार्ड कैनिंग (C) लार्ड इर्विन (D) लार्ड मिन्टो

32) एक स्कूल में पुरुष तथा महिला अध्यापकों का अनुपात 2:3 है। पुरुष अध्यापकों तथा महिला विद्यार्थियों का अनुपात 1:50 है। महिला विद्यार्थियों की संख्या पुरुष विद्यार्थियों से दोगुनी है। स्कूल में कुल मिलाकर 1500 विद्यार्थी हैं स्कूल में महिला अध्यापक कुल कितनी है?

(A) 20 (B) 30 (C) 15 (D) 45

33) निम्नलिखित में से किस प्रकार का अभियोग सामाजिक समस्याओं का संबोधन करता है?

(A) अपकार मुकदमा (B) जनहित के माध्यम से समादेश न्यायाधिकार (C) आपराधिक मुकदमा (D) सिविल मुकदमा

34) गुड्डू ने एक कैलकुलेटर को इसके क्रय मूल्य से 20रु अधिक में खरीदा है। यदि वह इसे 10रु अधिक में खरीदता, तो दुकानदार को 10% लाभ होता। कैलकुलेटर का क्रय मूल्य क्या है?

(A) 360रु (B) 300रु (C) 330रु (D) 400रु

35) सर्वोच्च न्यायालय द्वारा चिह्नित अधिकार किस कारण से प्रवर्तनीय होता है?

(A) भारतीय संविधान केअनुच्छेद141 (B) द्विव अर्थी (C) जनता द्वारा स्वीकृति (D) पूरा न्याय प्रदान करने की इसकी शक्ति

36) निम्न में से कौन सा एक कंप्यूटर के स्क्रीन रेजोल्यूशन के बारे में सत्य है?

(A) उच्च रेजोल्यूशन से चीज़े छोटी दिखाई दे सकती हैं (B) कम रेजोल्यूशन की हमेशा अनुशंसा की जाती है

(C) जब रेजोल्यूशन कम है तो टेक्स्ट स्पष्ट हो जाएंगी (D) जब रेजोल्यूशन कम है तो छवियां स्पष्ट हो जाएंगी

37) MAT को यह सुनिश्चित करने के लिए प्रत्यक्ष कर प्रणाली में पेश किया गया था कि कंपनियां बड़ा मुनाफा प्राप्त करें और शेयरधारकों के लिए पर्याप्त लाभांश की घोषणा करें लेकिन जो कॉर्पोरेट टैक्स के माध्यम से सरकार के लिए योगदान नहीं कर रही है।MAT

किसे संदर्भित करता है?

(A) मल्टीपल अलटरनेट टैक्स (B) अलटरनेट टैक्स (C) मैक्सिमम अलटरनेट टैक्स (D) मॉडरेट अलटरनेट टैक्स

38) वर्ष 2001-2011 के दौरान गंगानगर जिले की आबादी में कितने प्रतिशत का परिवर्तन हुआ है?

(A) 29.8 (B) 25.3 (C) 22.6 (D) 10.4

39) संविधान का मसौदा तैयार करते समय, भारतीय संविधान सभा के अध्यक्ष कौन थे?

(A) सरदार बल्लभभाई पटेल (B) जवाहरलाल नेहरू (C) डॉ. राजेन्द्र प्रसाद (D) डॉ. बी. आर. अम्बेडकर

40) राजस्थान में भक्ति आंदोलन की मुख्य अवधि क्या थी?

(A) 15वीं से 17वीं सदी तक (B) 16वीं सदी के उत्तरार्ध से 18वीं सदी के पूर्वार्ध तक

(C) 16 सदी के पूर्वार्ध से 18वीं सदी के उत्तरार्ध तक (D) 14वीं से 16वीं सदी तक

41) दिनेश 2 घंटे में कुछ दूरी तय करता है। यदि उसे एक घंटा अधिक दिया जाता है, तो वह 30 कि.मी. अधिक यात्रा कर सकता है। यदि दिनेश स्थिर दर पर यात्रा करता है, तो वह 3 घंटों में कितनी दूरी तय कर सकता है?

(A) 90 कि.मी. (B) 120 कि.मी. (C) 60 कि.मी. (D) 45 कि.मी.

42) निम्नलिखित में से कौन सा प्राकृतिक विश्व विरासत स्थल असम में अवस्थित है?

(A) केवलादेव घाना राष्ट्रीय उद्यान (B) वन्यजीव अभयारण्य

(C) ग्रेट हिमालय राष्ट्रीय उद्यान (D) नंदा देवी राष्ट्रीय उद्यान और फूलों की घाटी

43) कल्बेलिया समुदाय स्वयं को किस संत का अनुयायी मानता है?

(A) गुरु गोरखनाथ जी (B) गुरु कन्निपव जी (C) गुरु जलंधरनाथ जी (D) गुरु जोगीनाथ जी

44) चंद्रगुप्त मौर्य ने मौर्य साम्राज्य स्थापित करने के लिए किस राजवंश को परास्त किया था?

(A) गुप्त (B) चौल (C) नंद (D) राष्ट्रकूट

45) निम्न में से किसे विकलांग व्यक्तियों के मुख्य आयुक्त कोन है?

(A) अमिताभ कान्त (B) कमलेश कुमार पांडे (C) चंद्रमौली (D) उर्जित पटेल

46) चयापचय शब्द का सही अर्थ निम्न में से कौनसा है

(A) शरीर के अंदर लगातार चल रही रासायनिक प्रक्रियाएं जो जीवन और सामान्य कामकाज की अनुमति देती है

(B) शरीर के आंतरिक अंगों पर सामान्य इंसान द्वारा निष्पादित शारीरिक गतिविधियों का असर

(C) संकालित तरीक़े के साथ कार्य करते समय प्रत्येक अंग की प्रक्रिया क्षमता

(D)विभिन्न अंगों के माध्यम से शरीर के अंदर आदान प्रदान की गई कुल उष्मा

47)दी गई श्रृंखला में ___ के स्थान पर क्या आएगा? BZA, DYC, FXE, ?, JVI

(A)HAG(B)HGJ(C)HWG(D)HYG

48)एक व्यक्ति पूर्व दिशा में 8 कि. मी. चलता है। वहाँ से उत्तर-पश्चिम दिशा में 5 कि. मी. चलता है। वहां से फिर कि. मी. दक्षिण दिशा में चलता है। शुरुआत के बिन्दु से उसके अंतिम बिन्दु की दिशा होगी -

(A)दक्षिण - पूर्व(B)दक्षिण - पश्चिम(C)पश्चिम - उत्तर(D)उत्तर - पूर्व

49)358.085 + 42.91 + 25.55 = ?

(A)425.425(B)425.565(C)426.545(D)426.555

50) निम्न में से किसका मिलान गलत है?

(A) राणा उदय सिंह || - उदयपुर राज्य (B) रावल रतन सिंह – उदयपुर राज्य

(C). राव जोधा - जोधपुर राज्य (D). राव बिका - बीकानेर राज्य

51) निम्न में से कौन सा राजवंश दिल्ली सल्तनत से संबंधित नहीं था?

(A) लोधी राजवंश (B) सैय्यद राजवंश (C) तुगलक राजवंश (D) मुगल राजवंश

52) दिल्ली के सेंट्रल असेंबली में बम फेंकने के आरोप में भगत सिंह और राजगुरू के साथ किस तीसरे व्यक्ति को ब्रिटिश सरकार द्वारा फांसी दी गई थी?

(A) राम प्रसाद बिस्मिल (B) मंगल पांडे (C) सुखेदव थापर (D) चंद्रशेखर आजाद

53)एम्पियर क्या नापने की इकाई है ?

(A)करेन्ट(B)प्रतिरोध(C)पावर(D)वोल्टेज

54)SI पद्धति में लेंस की शक्ति की इकाई क्या है ?

(A)वाट(B)ऑप्टर(C)डायोप्टर(D)न्यूटन

55)निम्नलिखित में से किस स्मृति को ताज़ा करने की आवश्यकता है?

(A)DRAM(B)ROM(C)SRAM(D)ऊपर के सभी

56)पूर्वी और पश्चिमी घाट कहाँ मिलते हैं?

(A)महादेवी पहाड़ी(B)माऊंट आबू(C)महाबलेश्वर(D)नीलगिरी पहाड़ी

57)भारत का सबसे ऊँचा जलप्रपात 'जोग' किस राज्य में अवस्थित है?

(A)उत्तर-प्रदेश(B)पश्चिम बंगाल(C)कर्नाटक(D)महाराष्ट्र

58) निम्नलिखित में से कौन सा एक राजस्थान की किसान सभा के संदर्भ में गलत है?

(A) किसान सभा और प्रजा मंडलों के उद्देश्य समान थे (B) उनकी गतिविधियां जागीरदारों द्वारा शासित क्षेत्रों में अधिक तीव्र थी

(C) उनका सामूहिक केन्द्रण विरोधी सामंती संघर्ष था (D) वास्तव में, वे जाटों का जाति संघ

59) एक्सेल 2010 में निम्नलिखित में से कौन सा/से एक फॉर्मुला में उपयोग किए जाने वाले सेल रेफरेंस के मान्य प्रकार है ?

1 रिलेटिव 2 ऐब्सोल्यूट 3 मिक्स्ड रेफरेंस

(A) सभी (B) केवल 3 (C) केवल 1 (D) केवल 1,2

60) यदि एक फॉर्मूला में एक से अधिक ऑपरेटरों का इस्तेमाल किया जाता है, एक खास ऑर्डर होता है जिसका इन गणितीय ऑपरेशनों को पूरा करने के लिए एक्सल पालन करेगा। निम्नांकित को ऑपरेटर की पूर्ववर्तिता के आधार पर क्रम में रखिए।

1 एक्सपोनेंट्स 2 डिविजन 3 अडिशन 4 सब्ट्रैक्शन 5 मल्टिप्लिकेशन 6 ब्रैकेट्स

(A) 1,2,3,4,5,6 (B) 6,5,4,3,2,1(C) 6,1,5,2,4,3 (D) 6,1,2,5,3,4

61) द्वितीयक और विशेष प्रकार का वह विंडो कौन सा है, जो उपयोगकर्ता से प्रश्न पूछता है, कोई टास्क करने के लिए विकल्पों के चयन की अनुमति देता है, या सूचना प्रदान करता है?

(A) सेलेक्ट बटन (B) टेक्स्ट एरिया (C) डाईलोग बॉक्स (D) ड्रॉपडाउन बॉक्स

62) कार्यकारी शक्तियों के साथ सरकार का संविदात्मक उत्तरदायित्व

(A) सांविधिक शक्ति के साथ लागू संविदा से भिन्न होता है

(B) संविदा अधिनियम के अंतर्गत नागरिक अधिकारों के समान होता है

(C) पूर्ण रूप से न्यायिक कवच देता है (D) अन्याय के बावजूद प्रशासन के लिए सहा जाएगा

63) राजस्थान में स्कूल ऑफ डेजर्ट साइंस कहां स्थित है?

(A) बीकानेर (B) जैसलमेर (C) बारमेड़ (D) जोधपुर

64) Identify the correct sentence:

(A) It only costs a few pounds, (B) I don't have a lots of time for this.

(C) All children are needing affection. (D) Prakash has a little friend, whom he treats as abrother.

65) Choose the correct suffix : Utter

(A) age (B) ance (C) ise (D) ism

66) Select the correct Assertive sentence: What a great pleasure it is!

(A) That this is pleasure is indeed great. (B) This is pleasure indeed great.

(C) What pleasure is this. (D) This is indeed a great pleasure.

67) Choose the correct sentence in Passive Voice: Seven gymnasts keenly contested the medal.

(A) The medal is being keenly contested by seven gymnasts.

(B) The medal was being keenly contested by seven gymnasts.

(C) Seven gymnasts are keenly contesting the medal. (D) Seven gymnasts havekeenly contested the medal.

68) Identify the correct words to fill in the blanks: He is an....... scholar, so his success is......

(A) eminent, eminent (B) imminent, eminent (C) imminent, imminent (D) eminent, imminent

69) Identify the correct sentence in Indirect Speech: The dietician said, 'Try to avoid foods

which contain a lot of fat.

(A) Avoid foods which contained a lot of fat the dietician asked me to try.

(B) The dietician advised me to avoid foods which contained a lot of fat.

(C) The dietician told to me to try to avoid foods which contained a lot of fat.

(D) The dietician said to me to try to avoid foods which contained a lot of fat.

70) Choose the antonym of the underlined word : There is a <u>dearth</u> of skilled workers in this area.

(A) scarcity (B) shortage (C) plentifulness (D) paucity

71) Identify the correct words to fill in the blanks:

I'm....... tired but I can certainly walk a little further in these......... surroundings.

(A) quiet, quiet (B) quiet, quite (C) quite, quiet (D) quite, quite

72) "राज्य की प्रकृति का अध्ययन किस उद्देश्य के लिए आवश्यक है?

(A) मौजूदा सामाजिक आर्थिक और राजनैतिक रचना के (B) प्रभाव की पहचान करने के लिए

(C) राज्य की दृष्टि में खामियों की पहचान करने के लिए राज्य की पृष्ठभूमि के ज्ञान के लिए

(D) यह समझने के लिए कि राज्य किस प्रकार व्यवस्थित है

73) 2011 की जनगणना के अनुसार, राजस्थान के किस जिले ने अनुसूचित जाति की उच्च आबादी दर्ज की है?

(A) उदयपुर (B) बाड़मेड़ (C) जयपुर (D) जैसलमेर

74) मुगल सम्राट जहांगीर की पत्नी नूरजहां का असली नाम क्या है?

(A) रजिया सुल्तान (B) मेहरूनिसा (C) मुमताज महल (D) बेगम रसिया

75) बानस नदी का उद्गगम किस पहाड़ी से होता है?

(A) राइसिना (B) होरेरा (C) मालवा पठार (D) खामनोर

76) जिन्नी और डैनी की आयु का अनुपात 3:4 है। 20 वर्ष बाद, उनकी आयु का अनुपात 7:8 होगी। उनकी वर्तमान आयु का योग क्या होगा?

(A) 21 वर्ष (B) 30 वर्ष (C) 28 वर्ष (D) 35 वर्ष

77) भारत सरकार द्वारा केंद्रीय रूप से प्रशासित क्षेत्र को क्या कहा जाता है?

(A) राज्य (B) बैंक (C) केंद्र शासित प्रदेश (D) निजी उपक्रम

78) वर्ष 1975 में छोड़े गए भारत के प्रथम उपग्रह का नाम क्या था?

(A) आर्यभट्ठ (B) INSAT (C) भास्कर । (D) रोहिणी

79) TRIPS विश्व व्यापार संगठन द्वारा प्रशासित एक अंतरराष्ट्रीय समझौता है। TRIPS किसे निर्दिष्ट करता है?

(A) टैरिफ रिलेटेड इंटेलेक्चुअल प्रॉपर्टी रेगुलेशंस (B) ट्रेड रिलेटेड इंटेलेक्चुअल प्रॉपर्टी रेगुलेशंस

(C) टैरिफ रिलेटेड इंटेलेक्चुअल प्रॉपर्टी राइट्स (D) ट्रेड रिलेटेड इंटेलेक्चुअल प्रॉपर्टी राइट्स

80) निम्न में से कौन राजस्थान सरकार की परियोजना है, जिसे 15 अगस्त 2014 को महिला सशक्तीकरण, वित्तीय समावेशन, प्रत्यक्ष लाभ हस्तांतरण के लिए शुरू किया गया

(A) भामाशाह योजना (B) जन धन योजना (C) पालनहार योजना (D) सहयोग योजना

81) अंडमान सागर हिंद महासागर और दक्षिण चीन सागर प्रशांत महासागर को जोड़ने वाला जलडमरूमध्य कौन सा है?

(A) मैजेलन जलडमरूमध्य (B) मलक्का जलडमरूमध्य (C) बेरिंग जलडमरूमध्य (D) जिब्राल्टर जलडमरूमध्य

82) कौन सा डिस्क अंदर से एक पतले, लोचदार विनाइल पदार्थ से बना होता है?

(A) फ़्लोपी (B) CD (C) रेजिस्टर्स (D) USB

83) किस अधिनियम या योजना का उद्देश्य हर उस परिवार, जिसका वयस्क सदस्य अकुशल कार्य करने का इच्छुक है, को वित्तीय वर्ष में कम से कम 100 दिनों की गारंटी मजदूरी रोजगार प्रदान करके ग्रामीण क्षेत्रों में आजीविका सुरक्षा को बढ़ाना

(A) महात्मा गांधी राष्ट्रीय ग्रामीण रोजगार गारंटी अधिनियम 2005 (B) स्वर्णजयंती ग्राम स्वरोजगार योजना

(C) राजस्थान ग्रामीण आजीविका विकास परिषद (D) राष्ट्रीय ग्रामीण आजीविका मिशन

84) 2011 की जनगणना के अनुसार, राजस्थान राज्य का दूसरा सबसे प्रसिद्ध धर्म कौन सा है?

(A) ईसाई (B) हिन्दू (C) मुसलमान (D) जैन

85) निम्नलिखित में से कौन सा कच्छ के रण (रण ऑफ़ कूच) के पूर्वी छोर पर अवस्थित एक ज्वारीय बदरगाह है?

(A) मुंद्रा (B) कांडला (C) मुंबई (D) मर्मागोवा

86) राजस्थान के किस जिले में पीला संगमरमर पाया जाता है?

(A) राजसमंद (B) जैसलमेर (C) हनुमानगढ़ (D) जयपुर

87) निम्न में से कौन सा पोषक तत्वों का प्रमुख वर्ग नहीं है?

(A) ऑक्सीजन (B) कार्बोहाईड्रेट (C) पानी (D) विटामिन

88) इनमें से क्या कार्यालयी पत्र की दृष्टि से गलत है ?

(A) विषय - शिक्षकों की नियुक्ति हेतु (B) मुझे पूछने का निर्देश हुआ है कि

(C) कृपया पिछली टिप्पणियां देख लें (D) प्रियजन से ऐसी उम्मीद नहीं थी

89) इनमें से विजय का विपरीतार्थी शब्द क्या है ?

(A) हार (B) पराभव (C) विनाश (D) पराजय

90) इनमें से कौन सा शत्रु का पर्यायवाची नहीं है ?

(A) अरि (B) बैरी (C) रिपु (D) प्रति

91) इनमें से कौन सी क्रिया पूर्वकालिक है ?

(A) हथियाना (B) लिखकर (C) पढ़ता था (D) पिसवाना

92) इनमें से कौन सा विकल्प फल का अर्थ नहीं है ?

(A) परिणाम (B) लाभ (C) मेवा (D) सफल

93) इनमें से कौन सा शब्द युग्म क्रमशः रोगी का भोजन और रास्ता का बोधक है ?

(A) पथ्य और रास्ता (B) दवा और राह (C) खाना और जाना (D) पथ्य और पथ

94) अच्छे दिन देखना - इस मुहावरे का क्या अर्थ है

(A) तीर्थ दर्शन करना (B) सुख सुविधा से जीवन यापन करना (C) तीर्थ यात्रा करना (D) ब्रह्म मुहूर्त में उठना

95) इनमें से कौन सा स्वर्ग का पर्यायवाची नहीं है ?

(A) सुरलोक (B) द्यो (C) देवलोक (D) ब्रह्मांड

96) जलवायु परिवर्तन पर संयुक्त राष्ट्र फ्रेमवर्क कन्वेंशन के सर्वोच्च निर्णय लेने वाला निकाय निम्न में से कौन सा है?

(A) ग्रुप ऑफ़ 7 नेशन्स (B) पेरिस फोरम (C) कांफ्रेंस ऑफ द पार्टीज़ (D) यूनाइटेड नेशन ऑफिस ऑफ क्लाइमेट चेंज

97) अप्रैल-नवंबर 2014-15 के दौरान, कुल अंतर्ग्रवाह इक्विटी अंतर्ग्रवाह, पुनर्निवेश आय, और अन्य पूंजी सहित कितना था?

(A) 18.6 बिलियन अमेरिकी डॉलर (B) 24.8 बिलियन अमेरिकी डॉलर

(C) 20.5 बिलियन अमेरिकी डॉलर (D) 27.4 बिलियन अमेरिकी डॉलर

98) निम्न में से जैव विविधता के नुकसान के बाद प्रमुख घटना कौन सी है?

(A) जानवरों के सड़ाव दर काफी बढ़ेगी (B) पर्यावरण में प्रदूषण अनियंत्रित हो जाएगी और प्रदूषण की दर बढ़ेगी

(C) पारिस्थितिक तंत्र द्वारा प्रदान की वस्तुओं और सेवाओं के प्रावधान संकट में

(D) खाद्य श्रृंखला में छेड़छाड़ और उत्पादकों और उपभोक्ताओं के बीच कोई भेद नहीं

99) मैनुअल रूप से फार्मूला का निर्माण करते समयए उपयोगकर्ता या तो सेल अड्रेस को टाइप कर सकता है या उन्हें वर्कशीट में पॉइंट कर सकता है।बताएं कि दिया गया कथन सही [T], गलत [F], कोई अनुमान नहीं [N] एक्सेल से संबंधित नहीं है [R] |

(A)N (B) R (C)T (D) F

100) पानी की सतह पर अथवा उसके नीचे मार्गनिर्देशन, संचार अथवा वस्तुओं का पता लगाने के लिए ध्वनि संचरण का इस्तेमाल करने वाला तकनीक कौनसा है?

(A) कैलिपर (B) फ्रेमिंग स्क्वेयर (C) SONAR (D) हाइड्रोमीटर

101) राजस्थान में वल्लभ संप्रदाय का मुख्य धार्मिक केंद्र कहां है?

(A) गोगा-मेडी (B) नाथद्वारा (C) सलेमाबाद (D) पुष्कर

102) राज्य के त्वरित और संतुलित विकास के लिए नीति उपायों का सलाह देने के लिए राज्य नियोजन बोर्ड का पुनर्गठन कब किया गया था?

(A) 16-मार्च-2009   (B) 10-जुलाई-2009   (C) 20-जनवरी-2010   (D) 24-अप्रैल-2010

103)संप्रभु संसद की अवधारणा की उत्पत्ति किसके द्वारा की गई:

(A)इंग्लैंड(B)भारत(C)फ्रांस(D)जापान

104)एकात्मक और संघीय के रूप में सरकारों के वर्गीकरण का आधार क्या है?

(A)विधायिका और कार्यपालिका के बीच संबंध(B)कार्यकारी और न्यायपालिका के बीच संबंध

(C)केंद्र और राज्यों के बीच संबंध(D)सरकार के विधायिका, कार्यकारी और न्यायिक पंखों के बीच संबंध

105) राजस्थान के किस जिले के जिलाधिकारी ने स्कूली बच्चों को जूते बांटने का अभियान आरंभ किया

(A) नागौर (B) राजसमंद (C) चित्तौड़गढ़ (D) जालोर

106) दिल्ली सल्तनत में दिल्ली के राजसिंहावन को सुशोभित करने वाली प्रथम और एकमात्र मुस्लिम महिला रजिया बेगम के पिता कौन थे?

(A) कुतुबुद्दीन एबक (B) नसिरूद्दीन महमूद (C) इल्तुतमिश (D) बलबन

107) इंदिरा गांधी राष्ट्रीय जनजातीय विश्वविद्यालय को सांसद अधिनियम द्वारा स्थापित किया गया है और इसने किस स्थान पर 2008-09 से अपनी अकादमिक गतिविधियों को प्रारंभ किया है?

(A) बोकारो, झारखंड , (B) अजमेर, राजस्थान , (C) अमरकंटक, मध्य प्रदेश , (D) रायपुर, छत्तीसगढ़

108) निम्नलिखित में से कौन सा रसायनिक तत्व मोनाजाइट रेत में मौजूदसम्मिलित होता है?

(A) थोरियम (B) मेग्नीशियम (C) सिलिकॉन (D) यूरेनियम

109) Choose the one-word substitute : Strong disagreement.

(A) perspective (B) opinion (C) discussion (D) opposition

110) Choose the correct suffix— Scene

(A) ory (B) ish (C) ury (D) ry

111) बीकानेर के कौन से शासक को उसकी वीरता से प्रभावित होकर औरंगजेब ने माही मारातीब की उपाधि दी?

(A) राव दलपतसिंह (B) राव सूरसिंह (C) राव कर्णसिंह (D) राव अनूप सिंह

112) राजस्थान सरकार ने खेल रत्न पुरस्कार की स्थापना कब की ?

(A) 1992 ई. (B) 1993 ई. (C) 1994 ई. (D) 1995 ई.

113) राजस्थान का वह स्थल जो हड़प्पा को तांबे की वस्तुएं की आपूर्ति करता था ?

(A) कालीबंगा (B) मिथल (C) गणेश्वर (D) इनमें से कोई नहीं

114) बढ़ार का भोज निम्न में से किस मौके पर रखा जाता है?

(A) विवाह (B) जन्म (C) मृत्यु (D) तीर्थ—यात्रा

115) मंकी वेली किसका नाम है?

(A) नाहरगढ़ (B) आमेर (C) गलता जी (D) जयगढ़

116) निम्नलिखित में से कौन सा जिला शुष्क पश्चिमी कृषि जलवायु क्षेत्र में शामिल है?

(A) पाली (B) सीकर (C) नागौर (D) बीकानेर

117) राजस्थान की सबसे कम सीमा किस राज्य की सीमा से लगती है ?

(A) पंजाब (B) मध्य प्रदेश (C) उत्तर प्रदेश (D) हरियाणा

118) निम्नलिखित में से कौनसे युग्म जिले में से एक भी नदी प्रवाहित नहीं होती है?

(A) बीकानेर—चुरू (B) बीकानेर — हनुमानगढ़ (C) चुरू—नागौर (D) जैसलमेर—बाड़मेर

119) राजस्थान की कुल स्थलीय सीमा है—

(A) 5620 किमी (B) 5920 किमी (C) 5000 किमी (D) 6000 किमी

120) गणेश्वर की सभ्यता ——— में स्थित थी।

(A) नागौर (B) बूंदी (C) भीलवाड़ा (D) सीकर

121) राजस्थान के एकीकरण के सप्तम चरण में किन क्षेत्रों को सम्मिलित किया गया ?

(A) जयपुर (B) अजमेर तथा आबू (C) मत्स्य संघ (D) सिरोही

122) प्रत्येक वर्ष वित्तीय वर्ष के संबंध में संसद के दोनों सदनों से पहले सरकार के अनुमानित आय और व्यय का बयान देने के लिए निम्नलिखित में से किसका होना आवश्यक है?

(A] राष्ट्रपति (B] प्रधानमंत्री (C] वित्त मंत्री (D] लोकसभा स्पीकर

123) राष्ट्रपति चुनाव के लिए मतदान करने वाले इलेक्टोरल कॉलेज में कौन होते हैं?

(A] राज्यसभा के चुने हुए सदस्य(B] लोकसभा के चुने हुए सदस्य

(C] लोकसभा, राज्यसभा के चुने हुए सदस्य(D] लोकसभा, राज्यसभा, राज्यों और केंद्र शासित राज्यों के चुने हुए सदस्य

124) हरयाणा की स्थापना किस अधिनियम से हुई?

(A] अधिग्रहित प्रदेश विलय अधिनियम 1960 (B] हिमाचल प्रदेश और बिलासपुर स्टेट अधिनियम, 1954

(C] राज्य पुनर्गठन अधिनियम, 1956(D] पंजाब पुनर्गठन अधिनियम, 1966

125)निम्न में कौन-से देश में मिश्रित अर्थव्यवस्था है ?

(A) अमेरिका (B) भारत (C) चीन (D) रूस

126) आर्थिक क्रियाओं का उद्देश्य होता है ?

(A) जीविकोपार्जन (B) मनोरंजन (C) (A) और (B) दोनों (D) इनमें से कोई नहीं

127). ढिल्लिका (बाद की दिल्ली) की स्थापना किसने की ?

(A) तोमर (B) प्रतिहार (C) परमार (D) राठौर

128. मध्य अरावली श्रेणी के अन्तर्गत कौन-कौन सी पहाड़ियाँ आती हैं ?

(A) मेवाड़ चट्टानी क्षेत्र एवं भोराट पठार (B) अलवर पहाड़ियाँ

(C) बैराठ पहाड़ियाँ (D) शेखावटी निम्न पहाड़ियाँ व मारवाड़ पहाड़ियाँ

129. किसके साथ हुए युद्ध में परिमर्दिन देव (चंदेल) को अपने दो वीर सेनानायकों आल्हा व ऊदल को प्राण गंवाने पड़े ?

(A) पृथ्वीराज चौहान (चौहान) (B) भीम || (सोलंकी) (C) मुहम्मद गोरी (तुर्क) (D) जयचंद (गढ़वाल)

130. निम्नलिखित में से कौन-सा प्रतिहार शासक 'कर्पूरमंजरी' के रचयिता राजशेखर का शिष्य तथा संरक्षक था ?

(A) वत्सराज (B) नागभट्ट (C) मिहिर भोज (D) महेन्द्रपाल ।

131. राजस्थान का प्रथम पूर्ण साक्षर आदिवासी जिला है ?

(A) उदयपुर (B) डूंगरपुर (C) बांसवाड़ा (D) भीलवाड़ा

132. 'मुर्दों का टीला' नामक पुस्तक के लेखक कौन है ?

(A) रांगेय राघव (B) शम्भूदयाल सक्सेना (C) हजारी प्रसाद द्विवेदी (D) हरिवंश राय बच्चन

133. मत्स्य संघ की स्थापना कब हुई थी ?

(A) 17 मार्च, 1947 (B) 17 मार्च, 1948 (C) 17 मार्च, 1949 (D) 17 मार्च, 1950

134) दिए गए क्रम में ? चिह के स्थान पर कौन सा अक्षर-युग्म आएगा । AA B??AA?? A B

(A)BBAB (B) AABB (C)AAAA (D)BBBB

135) त्रिस्तरीय पंचायत व्यवस्था किस पर लागू होती है?

(A) जब किसी राज्य की आबादी 20 लाख से कम हो (B) सभी राज्य

(C) सभी केंद्र शासित प्रदेश (D) 20 लाख और उससे अधिक आबादी वाले राज्य

136) पाबुजी राजस्थान के एक लोक देवता हैं, वे किस सदी में जीवित थे?

(A) सोलहवीं सदी (B) सत्रहवीं सदी (C) चौदहवीं सदी (D) बारहवीं सदी

137) निम्न में से किस व्यू में पृष्ठभूमि प्रभाव अदृश्य होते हैं?

(A) प्रिंट लेआउट व्यू (B) प्रिंट प्रीव्यू (C) ड्राफ्ट व्यू (D) वेब लेआउट व्यू

138) वर्कशीट में विभिन्न गैर सन्निकट सेल्स को सिलेक्ट करने के लिए आप किस 'की' को होल्ड करते हुए उन पर क्लिक करेंगे?

(A) CTRL+Shift key (B) ALT key (C) Shift Key (D) CTRL key

139) 1336 में कृष्णा और तुंगभद्रा नदी के बीच के क्षेत्र में हरिहर और बुक्का द्वारा स्थापित सामग्राज्य का नाम बताएं।

(A) विजयनगर (B) चालुक्य (C) पांडेय (D) बहमनी

140) किस नदी को भारत की राष्ट्रीय नदी के रूप में जाना जाता है?

(A) गोदावरी (B) ब्रह्मपुत्र (C) गंगा (D) नर्मदा

141) एक्सेल 2010 में, कौन सा कंडीशनल फॉर्मेटिंग विकल्प, विभिन्न तीन और दो-रंगों वाले स्केल युक्त पैलेट को खोलता है, जिसे उपयोगकर्ता कलर स्केल थंबनेल पर क्लिक करके एक दूसरे से संबंधित उनके मूल्यों को इंगित करने हेतु सेल के चयन पर लागू कर सकता है?

(A) किल्यर रूल्स (B) कलर स्केल्स (C) मेनेज़ रूल्स (D) मैनेज रूल्स

142) जोल्पा गांव राजस्थान के किस जिले में स्थित है, जहां लोगों ने 800 अनोखे प्राचीन वास्तुकला वाले ऐतिहासिक मंदिरों के संरक्षण के लिए पैसे एकत्र किए थे?

(A) बांसवारा(B) श्री गंगानगर (C) धोलपुर (D) झालवाड

143) राजस्थान के किस जिले में ऐपेटाइट खनिज पाया जाता है?

(A) बाड़मेड़ और नागौर (B) बीकानेर आर बाड़मेड़

(C) उदयपुर और सीकर (D) बूंदी और भीलवाड़ा

144) सामाजिक न्याय और अधिकारिता केन्द्र मंत्रालय ने अनुसूचित जाति के लिए 'वेंचर कैपिटल फंड' की योजनाओं का शुभारंभ कब किया था?

(A) दिसंबर, 2015 (B) जनवरी, 2015(C) जनवरी, 2016 (D) जून, 2015

145) बाई किस घराने की प्रसिद्ध लोक गायिका थी?

(A) अवध घराना (B) जयपुर घराना(C) बीकानेर घराना (D) बनारस घराना

146) किसके नेतृत्व में जोधपुर में मारवाड़ हितकरणी सभा का गठन किया गया था?

(A) विजय सिंह पथिक (B) मणिक्या लाल वर्मा (C) जय नारायण व्यास (D) बजाज

147) निम्नलिखित में से किस परिस्थिति में, प्रशासन और कानून में केंद्र को अधिभावी शक्तियां होती है?

(A)कानून व्यवस्था की समस्या (B)राज्य के अनुरोध पर (C)अकाल (D)आपातकाल

148) टाइटेनियम डाइआक्साइड औरअथवा जिंक आक्साइड से बने नैनो पार्टिकल्स का किसमें प्रयोग किया जाना होता हैं?

(A) पुनःचार्ज योग्य सौर शैलों वाली कलाई घड़ियां में (B) चमकदार परिसज्जा हेतु लिपिस्टिक में

(C) पुष्प गंध उत्पन्न करने हेतु इत्र में (D) विकिरण से त्वचा की सुरक्षा हेतु सनस्क्रीन कीम्स में

149) निम्नलिखित में कौन सा कथन चित्तौड़गढ़ के विजय स्तम्भ के संबंध में गलत है?

(A) यह 37 मीटर ऊँची इमारत है (B) एक नौ मंजिला टावर है

(C) इसे सवाई प्रताप सिंह ने बनाया था (D) इसे 1440 में मुस्लमानों पर विजय के उपलक्ष्य में बनाया गया था

150) इनमें से लाभ का विपरीतार्थी शब्द क्या है ?

(A) हानि (B) अलाभ (C) तरक्की (D) मुनाफा

उत्तर माला

1.B 2.A 3.C 4.D 5.A 6.A 7.A 8.D 9.A 10.A 11.B 12.A 13.A 14.C 15.A 16.B 17.D 18.B 19.D 20.B 21.A 22.B 23.B 24.C 25. D26.A 27.D 28.B 29.B 30.D 31.B 32.B 33.B 34.B 35.A 36.A 37.B 38.D 39.C 40.C 41.A 42.B 43.B 44.C 45.B 46.A 47.C 48.B 49.C 50.B 51.D 52.C 53.A 54.C 55.A 56.D 57.C 58.A 59.A 60.D 61.C 62.A 63.D 64.A 65.B 66.D 67.A 68.D 69.B 70. C71.C 72. A73.C 74.B 75.D 76.D 77.C 78.A 79.D 80.A 81.B 82.A 83.A 84.C 85.B 86.B 87 .A 88.D 89.D 90.D 91.B 92.D 93.D 94.B 95.D 96.C 97.D 98.C 99.C 100.C 101.B 102.C 103.A 104.C 105.D 106.C 107.C 108.A 109.D 110.D 111.D 112C. 113.C 114.A 115.C 116. D117.A 118.A 119.B 120.D 121.B 122.A 123.D 124. D125.B 126.A 127.A 128.D 129.A 130.D 131.B 132.A 133.B 134.D 135.D 136. C137.B 138. D139.A 140.C 141.B 142.D 143.C 144.B 145.C 146.C 147.D 148.D 149.C 150.A